子どもに教える大人が
初歩から学ぶ英語

前田浩美・長尾真理　［著］

関西学院大学出版会

はじめに

　人と話すということは、相手の言葉を聞き取り、自分の言葉を伝えることである。母国語でない英語を使って人と話すためには、英語のコミュニケーション能力を養わなければならない。その能力を高めるには、相手が発する英語の音を意味のある言葉として聞き取る練習をすると同時に、自分の発する音を意味のある言葉として伝える練習をする必要がある。リスニングの練習問題を繰り返すことは、英語の音を聞き取る訓練になる。しかし、自分の言葉を伝える練習にはならないので、コミュニケーション能力を十分に高めるところまではいかない。英語を使ったゲームは、発音を練習したり、やさしい英語表現を覚えたり、英語学習に効果を発揮するが、英語表現がどういう状況で意味を成すのか学ぶところまではいかないものが多い。やさしい英語表現や単語ひとつであっても、どういう状況で、どういう音で伝えるかをしっかり学べば、十分に使えるものが多いのである。

　実際のコミュニケーションで使う英語表現は、どういう状況で、誰と話すのかによって異なってくる。たとえば、"What's your name?" は、取り調べの際に警察官などが使う表現で、威圧的な感じがする。普通、相手の名前を尋ねるときこの表現を使うことはほとんどない。状況や人間関係にそぐわない英語表現を学ぶのは、コミュニケーション能力を高めるには遠回りすることになるので、学ぶ順序として日常的によく使う表現から重点的に学んでいくほうが効率的である。

　本書の Short Dialogs では、場面を示すイラストがあり、Mike が親子の会話、子どもどうしの会話を繰り広げる。Conversation(s) では、大学生の武士（たけし）が出会う人々との会話や親しい友だちとの会話を展開する。どの会話にも、日常生活に遭遇しそうな場面を設定し、それぞれの場面に合った自然な表現を使用した。なお、世界中で話される英語は、国や地域により異なるが、それらを一度に学ぶのは難しいので、限定した地域の英語から学んでいくのがよいと考え、本書ではアメリカ英語を使用している。

　コミュニケーションには音が重要な役割を担っている。その点を考慮して、本書では英語の音を学べるように構成した。単語ひとつひとつの音、センテンスのリズム、会話の場面にあったイントネーションなどが練習できるようにした。さらに、英語独特の音になるべく短い時間で慣れるよう、発音のコツをつけ加えた。

　学習者が英語でコミュニケーションをとれるようになるには、教える者がまず、状況にあった英語表現をなるべく自然に使えるように学んでいくことだと考える。英語を教えることをめざす学生はもちろん、英語を学ぶひとりでも多くの方に本書をご活用いただければ幸いである。

　最後に、表紙、イラスト、CD 音声、編集、出版など、この本の執筆と制作に携わったすべての方々に感謝申し上げたい。特に英文校正担当の Paul Aaloe 氏には、私たちのしつこいほどの質問に時間を割いていただいたことに心より感謝する。

2009 年 5 月　著者

主な登場人物

Mike Green

Tom Green　**Mary Green**

Lucy

Ms. Cathy Gray

Mr. Green: 　トム・グリーン。アメリカのある都市に住む。マイクの父親。
Mrs. Green: 　メアリー・グリーン、マイクの母親。
Mike: 　　　マイク。近所のルーシーといっしょに保育園に通う。

Lucy: 　　　ルーシー。マイクと同い年の女の子。マイクのお母さんとルーシーのお母さんは交代で保育園への送り迎えを車でしている。
Ms. Gray: 　キャシー・グレー。保育園の先生。Lesson 3 でマイクと初めて会う。

Takeshi Ito

Takeshi Ito: 　伊藤武士。グリーン家にホームステイしながら、大学付属の語学プログラムで英語を学んでいる留学生。TOEFL のスコアが上がれば、アメリカの大学に編入したいと考えている。
Dr. McDonald: 　大学に付属する英語研修プログラムのディレクター、英語の先生。
その他: 　　現地での武士の友達数人。

この本の使い方

① 教える人、もしくは発音・リズム等から徹底的に学びたい人
② 日常会話表現から学びたい人 ──────────────→ 次ページへ

└→ レッスン冒頭から始める

音の音声学的名称を必ずしも覚える必要はない。
名称は、音の性質をよく表しているので、
音の理解に役立てばと考えて記した。

[p] – [b]

両唇破裂音（りょうしんはれつおん）
唇をしっかり閉じ、そこで一旦止めた息を
強く吐き出すようにして音を出す。
吐く息の勢いで唇を破裂させて音を出す。
[p] は無声音、[b] は有声音。

この説明を念頭に置き、右図を見ながら、
それぞれの音を出してみよう。
発音に詳しい英語の先生に自分が出した音を
修正してもらうなどの指導を受けることがで
きれば一番よい。

---

1. Words

2. Contrast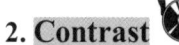

CD の発音を真似て自分で練習してみよう。英語の先生に自分が出した音を修正してもらうなどの指導を受けることができれば一番よい。機会がなければ、音声を真似る。これらのセクションでは、単語の意味を考えるより、音を正しく出す練習をする。
accident [ǽksədənt] にあるようなイタリックの発音記号 /ə/ は、発音したり発音しなかったりする音を示す。

3. Rhythm & Sound

CD を一行ごとに止めて、聞いた通りに真似て言ってみよう。
難しすぎると感じる人は、このセクションを飛ばしても構わない。
真似て言える人は、音声を止めずに CD の音と同時に読めるように練習する。
音とリズムを練習するためのセクションなので、意味を考える必要はない。

→ 会話部分から始める

4. Short Dialogs

挿絵の状況を想像しながら音声を聞いて、セリフを暗記しよう。
意味の分からないところは巻末 120 ～ 128 ページの日本語訳を参考にするとよい。
複数の学習者で練習する場合は、
Mike や Mrs. Green など登場人物の役を決めて、
会話をロール・プレイすると効果的である。

5. Useful Words & Phrases

各単語や表現の意味を知っているか確認しよう。
Conversation 本文中で使われた意味は巻末 115 ～ 119 ページに示してある。

6. Conversation(s)

CD を聞いて、真似て読みながらセリフを暗記しよう。会話文の訳は巻末 120 ～ 128 ページに示してある。
複数の学習者で練習する場合は、Takeshi やホストファミリー、友達など登場人物の役を決めて、ロール・プレイすると効果的である。

の説明は会話本文を理解するためのものである。例文は暗記するとよい。

7. Intonation & Stress

Conversation 本文の状況でのイントネーション、文強勢、音のリンクなどが記してある。
このセッションの記号の見方については、vi ページを参照。
強弱、速度、イントネーションに注意しながら音声を聞き、繰り返し真似て言ってみよう。
繰り返し真似ることによって、英語のリズムとイントネーション、音のつながりが分かるようになり、聞く力も話す力も向上する。
実際に英語で話すときに、この通りに話さなければ通じないということでは決してない。
音のリンクのしかたは、セリフを言う速度や人により若干異なる。

8. Exercises

学んだ表現を別の状況で使えるか、練習問題でチェックしよう。
模範解答は巻末 129 ～ 130 ページに示してある。

Intonation & Stress の記号と発音のしかたについて

イントネーションと文強勢は話者の気持ちや伝えたい内容よって変化するので、話者の置かれた状況や気持ちを考えながら、音声を真似よう。その際、図を見ながらコツをつかむとよい。

図を見るときの注意点と図の説明

May I seé your pássport?

本書の矢印は、トーンが上がり始めるポイント "a" を示す

→

May I sée your pássport?

実際の上昇調は、上がりはじめのポイント "a" から文の最後にかけてトーンを徐々に上げていく感じ

What síze?

本書の矢印は、トーンが下がるポイント "i" を示す

→

What síze?

実際の下降調は、"i" のあたりでトーンを急に落とす感じ

文強勢を示す

Can you gíve me a bétter príce?

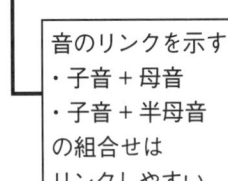

音のリンクを示す
・子音 + 母音
・子音 + 半母音
の組合せはリンクしやすい

聞こえない音を示す
後ろの音（ここでは /m/）のために、摩擦音 /v/ を出す間はなく、すぐに唇を閉じて /m/ のポジションに移動し、そのまま "me" の /m/ につながる感じ

この本で使用されている用語について

無声音：	声帯を振動させずに発音する音。喉ボトケに手を当てると震えていないのが分かる。
有声音：	声帯を振動させて発音する音。喉ボトケに手を当てると震えているのが分かる。
Minimal Pair：	音素が一箇所だけ異なる単語の組み合わせ。**Contrast** の中で何組か例を示した。
強勢：	強くゆっくり発音する部分。強勢のないところは、弱く速く発音する。単語の中の強勢を置いた部分は「アクセント」と呼ぶ。アクセントの位置は **Words** の発音記号の上に [´] で表した。 文にも強くゆっくり言う強勢がある。文強勢は **Intonation & Stress** の文の上に [´] で示した。
イントネーション：	声のトーンを上げたり、下げたりしてつける抑揚。音程のようなもの。 イントネーションの主なパターンとして 上昇調（  ）、下降調（  ）、降昇調（  ）がある。
母音・半母音：	本書 68 ページを参照のこと。

Contents 目次

	Pronunciation		Conversation	Page
Lesson 1	[p] [b]	勧める・勧められる・謝る	In an Airplane	1-5
Lesson 2	[t] [d]	依頼する・渡す	Going through Immigration	6-10
Lesson 3	[k] [g]	挨拶する・自己紹介する	Meeting People	11-15
Lesson 4	[f] [v]	飲食物を注文する	At a Fast Food Restaurant	16-20
Lesson 5	[θ] [ð]	説明を聞く・あいづちを打つ	A House Tour	21-24
Lesson 6	[θ] [s]	場所を尋ねる	In a College Library	25-28
Lesson 7	[ð] [d]	理由を尋ねる	Talking about Hobbies	29-32
Lesson 8	[s] [z]	相談する・命令文で依頼する	Asking for Advice	33-36
Lesson 9	[z] [ð]	依頼する（助動詞の疑問文）	Asking a Favor	37-40
Lesson 10	[ʃ] [ʒ]	電話で助けを求める・確認する	Asking for Help on the Phone	41-44
Lesson 11	[ʃ] [s]	婉曲的に依頼する・確認する	At a Bank	45-49
Lesson 12	[tʃ] [dʒ]	依頼する	At a Post Office	50-54
Lesson 13	[h]	週末の予定を尋ねる・提案する	Accepting an Invitation to Dinner (1)	55-58
Lesson 14	[m] [n] [ŋ]	予定を伝える・気持ちを伝える	Chatting with a Friend (1)	59-63
Lesson 15	[r] [l]	店員に用件を伝える・試着する	Shopping (1)	64-67
Lesson 16	vowels	飲食物を注文する	At a Restaurant	68-71
Lesson 17	[j] [w] [hw]	道を尋ねる	Asking for Directions	72-76
Lesson 18	[iː] [i]	用件を伝える・値切る	Shopping (2)	77-80
Lesson 19	[ei] [ɛ] [æ]	誘う・誘われる	Accepting an Invitation to Dinner (2)	81-85
Lesson 20	[ɑː] [ɑ] [ɔː]	交通手段について話す・意見を述べる	Planning a Trip	86-90
Lesson 21	[ɑːr] [ɔːr]	体調について述べる	Talking about Health Conditions	91-96
Lesson 22	[ou] [u] [uː]	電話で予約する	Making an Appointment on the Phone	97-102
Lesson 23	[ai] [au] [ɔi]	挨拶する・電話で予定を尋ねる・誘う・誘われる	Calling a Friend	103-108
Lesson 24	[i] [ʌ] [ə] [ər]	意見を尋ねる・意見を述べる	Chatting with a Friend (2)	109-114

Glossary	Lesson 1 – 24 Useful Words & Phrases　意味		115-119
Translation	Lesson 1 – 24 Short Dialogs & Conversation(s)　日本語訳		120-128
Answers	Lesson 1 – 24 Exercises　模範解答		129-130

Lesson 1

[p] – [b]

両唇破裂音（りょうしんはれつおん）
唇をしっかり閉じ、そこで一旦止めた息を
強く吐き出すようにして音を出す。
吐く息の勢いで唇を破裂させて音を出す。
[p] は無声音、[b] は有声音。

1. Words 02

[p]
P.E. [píːíː]
pretty [príti]
top [táp]
cheap [tʃíːp]
Filipino [filəpíːnou]

[b]
body [bádi]
boy [bɔ́i]
busy [bízi]
job [ʤáb]
disturb [distə́ːrb]

2. Contrast 02

[p] – [b] Minimal Pairs

pig – big   pace – base   pack – back
pair – bear   pan – ban   pie – buy

3. Rhythm & Sound 02

Peter piper picked a peck of pickled peppers;
A peck of pickled peppers Peter Piper picked;
If Peter Piper picked a peck of pickled peppers,
Where's the peck of pickled peppers Peter Piper picked?   ("Peter piper" from *Mother Goose*)

Betty Botter bought some butter,
"But," she said, "the butter's bitter;
If I put it in my batter,
It will make my batter bitter;
But a bit of better butter,
That would make my batter better."   ("Betty Botter" from *Mother Goose*)

4. Short Dialogs 🔊 03

Mrs. Green:	Some tea?
Mike:	Yes, please.
Lucy:	No thanks.

Mrs. Green:	Juice or soda?
Mike:	Soda, please.
Lucy:	Juice for me, please.

Mrs. Green:	An ice cube? Two cubes, maybe?
Lucy:	Yes, two, please.
Mike:	Me, too.

5. Useful Words & Phrases

- ☐ Sorry? / Excuse me?
- ☐ Would you like to ~?
- ☐ Something to ~?
- ☐ I'd like ~.
- ☐ Let me …

- ☐ be supposed to ~
- ☐ aisle
- ☐ Anything else?
- ☐ I'll be right back.
- ☐ Sure. / Certainly.

Lesson 1

6. **Conversations** 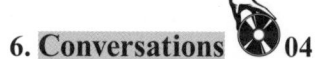 04

In an Airplane

Attendant:	Sir, what would you like to drink?
Takeshi:	Uh, sorry?
Attendant:	Something to drink? Beer, wine, coke, …?
Takeshi:	Ah! You have juice?
Attendant:	Sure. We have apple, orange and pineapple.
Takeshi:	Apple juice, please.
Attendant:	Chicken or beef?
Takeshi:	I'd like chicken, please.
Attendant:	Certainly.

More Conversations in an Airplane

Right after boarding, Takeshi is looking for his seat.

Takeshi:	Excuse me. I think you are sitting in my seat. My ticket says I'm in 24B.
Man:	Uh, let me check mine. You're right. I'm supposed to have an aisle seat. Sorry about that.
Takeshi:	That's all right.

A flight attendant is coming up to Takeshi.

Attendant:	Good evening. Here is the menu for tonight's dinner.
Takeshi:	Thanks. By the way, I think I'll need a blanket later.
Attendant:	All right. Anything else?
Takeshi:	No thanks. I'm good.
Attendant:	Okay, I'll be back with your blanket.

聞き取れなかったら

　相手の言ったことが聞き取れない場合、即座に切り返し、"Sorry?" または "Excuse me?"「何とおっしゃいましたか」と謙虚に尋ねよう。その際、イントネーションを上昇調にすること。ただし、"Excuse me?" は全体的にゆっくりと、かつ、"me" に強勢をおいて言うと「何ですって」と怒っているように聞こえるので、細心の注意が必要である。

　"What did you say?"「何て言った」と聞き返しても悪くはないが、謙虚さの感じられない表現である。しかも、上昇調のイントネーションで "What" に加えて "say" にも強勢をおくと「何だって」と喧嘩を売っているように聞こえたり、驚いているように聞こえたりする。

勧めるとき、勧められるとき

　相手に飲食物を勧めるときに使う丁寧な表現を覚えておこう。疑問文に some や something を使うのは、勧めたい気持ちを込めた表現で "(Would you like) something to drink?" は「何かお飲み物はいかがでしょうか」という日本語に相当する。勧められたら、"I'd like .... " "..., please." と礼儀正しく、かつ簡潔に答えるようにしよう。この際、"I want ...." は幼稚に聞こえるので使わないようにしたいものである。断るときは "No, thank you." を使おう。

肯定文の形をした疑問文

　"Do・you・have・juice?" と、それぞれの単語に強勢をおいて発音すると、ジュースがあるのかどうか見当のつかない場合に尋ねる表現になり、「ジュースはあるのでしょうか」という意味になる。"You have juice?" は、ジュースがあることを始めから想定して確認するときの表現で「ジュース、ありますよね」という意味である。「あるんでしょ」という肯定の気持ちが働くので、肯定文の形のままで末尾のイントネーションを上昇調にする。このように肯定文の形で文末尾を上げて「……ですよね」と確認する表現はよく使う。同じ確認の意味であっても後に付け足す付加疑問文とは、ニュアンスが違う。

気持ちを伝える「ノイズ」

　"uh /ə, ʌ, ʌŋ/ は「えー」「そのう」と、ためらいを表す音である。こうした音は「間投詞」"hesitation noise" と呼ばれる。"ah /ɑː/" も同様の音で、相手の言葉が分かった瞬間に発する「おお」に当たる。

　この種の「ノイズ」には様々な気持ちを表すものがあり、通常、話し言葉に使い、書き言葉には使用しない。また、それぞれの言語ごとに異なる「ノイズ」が存在するので、

Lesson 1

英語を話すときは英語の音に、日本語を話すときは日本語の音にすると、相手に気持ちがよく伝わりコミュニケーションを円滑にする。

 「あ、ごめんなさい。」

　More Conversation の男性のように他人の席に座ってしまったり、あるいは、他人の足を踏んだり、明らかに自分の側が悪い場合、謝る気持ちを "(I'm) sorry about that." と即座に伝えよう。この場合の "that" は、ひとつ手前の行為を指す代名詞である。さらに "(I'm) so sorry."「本当にごめんなさい」と深く詫びることもある。一度謝ったあともなお、足を踏んだ相手が痛がっているときなど、そう言って重ねて詫びる。

　謝られた側は "Don't worry about it."「どうぞ気にしないでください」、あるいは、その気持ちをもっと簡潔に "That's okay." "That's all right." "No problem."「（いえ、）構いません」もしくは "I don't mind."「こちらは気にしてませんから」などと返すことができる。

7. Intonation & Stress 🎧 05

Sórry? / Excúse me? ↗

You háve júice? ↗

Excúse me. ↘

- 上昇調は、トーンを徐々に上げていく

- イントネーションにより意味が異なる
  "Excuse me?"（上昇調）は
  「何とおっしゃいましたか」
  "Excuse me."（下降調）は
  「すみません」

8. Exercises　次の 状況 のセリフを英語で表現してみよう。

☐ ① 家族に尋ねる　出かける前に何か食べる？

☐ ② いや、いいよ。今全然お腹すいてないし、コンサートの前に僕たち飲むかもしれないし。

5

Lesson 2

[t] – [d]

歯茎破裂音（しけいはれつおん）
舌を上歯茎のあたりに押しあて、
そこで一旦止めた息を破裂させて音を出す。
[t] は無声音、[d] は有声音。

1. Words  06

[t]
ten [tén]
town [táun]
turn [tə́:rn]
ticket [tíkit]
tired [táiərd]

[d]
deep [dí:p]
dark [dá:rk]
down [dáun]
drink [dríŋk]
McDonald [məkdánəld]

2. Contrast 06

[t] – [d] Minimal Pairs

ten – den   bet – bed   town – down
trip – drip   trunk – drunk   try – dry

3. Rhythm & Sound 06

Twinkle, twinkle, little star, how I wonder what you are.
Up above the world so high, like a diamond in the sky,
Twinkle, twinkle, little star, how I wonder what you are.
            ("Twinkle, twinkle, little star" from *Mother Goose*)

Dibbity, dibbity, dibbity, doe,
Give me a pancake and then I'll go.
Dibbity, dibbity, dibbity, ditter,
Please to give me a bit of a fritter. ("Dibbity, dibbity" from *Mother Goose*)

Lesson 2

4. Short Dialogs 07

| Mr. Green: | **Here.** |
| Mike: | **Thanks.** |

| Mike: | **Go ahead.** |
| Mrs. Green: | **Thank you.** |

5. Useful Words & Phrases

- ☐ May I …? / Can I …?
- ☐ Sure. / Of course. / Okay. / All right. / Certainly.
- ☐ Here you are. / Here it is. / Here. / Here you go.
- ☐ purpose
- ☐ Okay, …

- ☐ index finger
- ☐ take a picture
- ☐ sightseeing
- ☐ downtown
- ☐ Enjoy ~.

6. Conversations 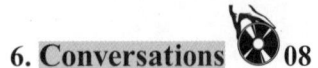 08

Going through Immigration

At immigration

Officer: May I see your passport, please?
Takeshi: Sure. Here you are.
Officer: What's the purpose of your visit?
Takeshi: Studying at the Johnson Language Center.
Officer: Where will you be staying?
Takeshi: With my host family, Mr. and Mrs. Green.
Officer: Okay, put your left index finger here…. Then your right index finger. Now look in here, and we'll take a picture of you…. Done.

More Conversation at Immigration

Officer: Hello. Your passport, please?
Takeshi: Here it is.
Officer: What's the purpose of your visit?
Takeshi: Sightseeing.
Officer: Okay, then. How long will you be staying?
Takeshi: For a week.
Officer: Where are you staying?
Takeshi: At a downtown hotel.
Officer: Good. Enjoy your stay!
Takeshi: Thank you.

たじろがず的確な応答を!

　入国審査官や税関の質問には簡潔、かつ的確に答えよう。聞き取れなかったら、**Lesson 1**で学んだ表現を使って聞き返すこと。言われたことが理解できないときに、何の言葉も返さず愛想笑いをする日本人がいるが、そういう態度は笑ってごまかしているものと解釈され、入国審査や税関通過の際は不審を招くことになりかねないので注意しよう。

Lesson 2

📜 アメリカへの入国審査

　2001年9月11日のテロ事件以来、アメリカ政府は出入国者の管理を厳格化してきたが、2004年9月30日以降、アメリカに入国する外国人に、滞在目的にかかわらず、指紋押捺と顔写真撮影を義務づけることにした。

📜 依頼する、依頼に応える

　"May I ...?" "Can I ...?" は本来「〜してもよろしいでしょうか」と許可を求める表現であるが、丁重に依頼するときによく使う。"Can I ...?" より "May I ...?" の方が改まった感じを受けるので、先生、会社の上司、あまり話す機会のない相手などに対しては "May I ...?" というように使い分けるとよい。

　相手の依頼を快く受ける "Sure." "Of course." といった返事のしかたも覚えておこう。相手の依頼を断るとき、"Of course not." "Certainly not." を使うと、「とんでもない」と拒絶することになる。やんわりと断るには "I'm sorry, but ..." "I'm afraid you can't. ..." "I'd rather you don't. ..." で始めて、その後に断る理由を述べる。無理に感情を抑えたり、自分の意見を言わずにいると、後で本心を見透かされたときに "Why didn't you tell me?"「どうして言ってくれなかったの」と言われることになりかねない。断る理由を述べて相手の理解を得るようにしよう。

📜 これも気持ちを伝える「ノイズ」?

　ここの Conversation で入国審査官が言っている "Okay, ..." は気持ちを伝える「ノイズ」と呼んでも構わない。**Going through Immigration** の中で入国審査官が言っている "Okay, put your left index finger here, ..." というセリフの中の "Okay, ..." は入国審査尋問が問題なく終わり、「よし、それでは……」と指紋採取と写真撮影という次の段階に移ることを示す。

　なお "okay" は会話中に頻繁に使い、場面状況によって意味が異なるので、実際の場面で使えるように習得すべき語である。文法的には間投詞以外にも、形容詞、副詞、動詞、名詞などに分類される "okay" が存在する。たとえば "Sorry about that."「あ、ごめんなさい」への応答のし方を **Lesson 1** で説明したが、応答のひとつである "That's okay."「構いません」の "okay" は形容詞である。

📜 物を渡すとき

　人に何か物を渡す場合、黙って渡さないようにしよう。日本語で「はい」とか「どうぞ」とか言って渡すのと同様、英語でも最低限 "Here." と言う。その他、**Useful Words & Phrases** の3番目にまとめた表現を使うとよい。

なお、日本語の「どうぞ」という表現は、状況によってそれぞれ異なる英語表現になる。**Short dialogs** の会話にあるように「どうぞお先に」という場合は "Go ahead." である。

7. Intonation & Stress 09

May I sée your pássport?

Pút your léft index finger hére….
Thén your ríght index finger.

We'll táke a picture of you.

- CD 音声では "here" は通常より強調ぎみに発音されている

- /t/ で終わる語＋半母音 /j/ で始まる語
    → 音が変化してリンクしやすい
    put your = /pútʃər/

- 子音で終わる語＋母音、または半母音で始まる語
    → 音がリンクしやすい
    right index = /ráitíndɛks/
    left index = /léftíndɛks/
    take a = /téikə/
    picture of you = /píktʃərəvje, píktʃərəvju/

8. Exercises 次の 状況 のセリフを英語で表現してみよう。

□① レストランで丁寧に依頼する　お勘定をお願いしてよろしいですか。
□② お客様、かしこまりました。

Lesson 3

[k] – [g]

軟口蓋破裂音（なんこうがいはれつおん）
上あごの奥のやわらかい部分に舌の後ろの方をしっかり押しあてて息を止め、そこから息を破裂させて音を出す。
[k] は無声音、[g] は有声音。

1. Words 🎧 10

[k]
kick [kík]
cake [kéik]
Korea [kərí:ə]
accident [ǽksədənt]
book [búk]

[g]
garden [gá:rdn]
grade [gréid]
eager [í:gər]
enigma [ənígmə]
regulate [régjəlèit]

2. Contrast 🎧 10

[k] – [g] Minimal Pairs

| cane – gain | crow – grow | crew – grew |
| could – good | game – came | coast – ghost |

3. Rhythm & Sound 🎧 10

Hickory, dickory, dock,
The mouse ran up the clock.
The clock struck one,
The mouse ran down!
Hickory, dickory, dock. ("Hickory, dickory, dock" from *Mother Goose*)

The girl in the lane, that couldn't speak plain,
Cried, "Gobble, gobble, gobble":
The man on the hill that couldn't stand still,
Went hobble, hobble, hobble. ("The girl in the lane" from *Mother Goose*)

4. Short Dialogs 🎵 11

Mike: **Hi. I'm Mike.**
Ms. Gray: **Hi, Mike. I'm Cathy. Nice to meet you.**
Mike: **Nice to meet you, too, Cathy.**

Mike: **Tell me…**
Lucy: **What?**
Mike: **Tell me about your "Blackie."**
Ms. Gray: **Tell me, too.**
Lucy: **He's two years old…**

Mike: **I'm going home now.**
Ms. Gray: **Oh, it was nice to meet you. See you.**
Mike: **See you soon.**

5. Useful Words & Phrases

- ☐ (It's) nice to meet you. / How do you do?
- ☐ Hello. / Hi.
- ☐ How was ~?
- ☐ … not ~ very well
- ☐ must
- ☐ ~'ve got / ~'s got
- ☐ Shall we … ?

- ☐ Yes, let's.
- ☐ How do you spell …?
- ☐ be used to ~ing
- ☐ I'd appreciate it if ~ would (or could) …
- ☐ I got it.
- ☐ …, …, …, and so on.
- ☐ tell me about ~
- ☐ You mean …? / …, you mean?

Lesson 3

6. Conversations 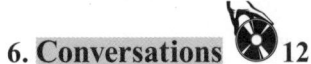 12

Meeting People

Mrs. Green:	Takeshi?
Takeshi:	Yes, I'm Takeshi Ito.
Mrs. Green:	I'm Mary Green, your host mother. Very nice to meet you, Takeshi.
Takeshi:	Nice to meet you, too.
Mrs. Green:	This is my husband, Tom, and my son, Mike.
Takeshi:	Hello.
Mr. Green:	Hello. Glad to meet you.
Mike:	Hi.
Mrs. Green:	How was your flight?
Takeshi:	It was good, but I couldn't sleep very well.
Mrs. Green:	You must be tired. We've got our car outside. Shall we go now?
Mr. Green:	Yes, let's.

More Conversation When Meeting People

Dr. McDonald:	Hello. I'm Dr. McDonald, the director of the English Program. Just call me John.
Takeshi:	Hi, John. I'm Takeshi Ito.
Dr. McDonald:	Ta-ke-shi? How do you spell your name?
Takeshi:	T-A-K-E-S-H-I.
Dr. McDonald:	Mmm, then can I call you Tak?
Takeshi:	Well, I'd appreciate it if you'd just call me Takeshi. I'm used to being called "Takeshi."
Dr. McDonald:	I got it. Now, tell me about yourself, Takeshi.
Takeshi:	Myself?
Dr. McDonald:	Yeah, for example, about your family, country, why you've decided to study here, and so on.
Takeshi:	Ah, you mean introducing myself?
Dr. McDonald:	Right.

📜 時を問わず、多くの場面で使える便利な挨拶 "Hello." "Hi."

くだけた表現だと思われているが、アメリカでは学校や職場など場所を問わず、親しい相手にも初対面の人にも使え、親しみを与える挨拶である。もちろん、2回目以降に会ったときも使える。

📜 挨拶や自己紹介は出遅れず、もたつかず、はっきりと！

言うべきセリフは決まっているので、自分から切り出すか、もしくは相手が切り出したら、すかさず切り返そう。自己紹介のポイントは、相手に自分の名前を覚えてもらい、また相手の名前を覚えるところにある。日本人の名前は英語圏の人になじみがないので、覚えてもらえるように明確に発音しよう。比較的長い名前は "I'm ..." と始めるか、あるいは名前だけでも十分なこともある。聞きなれない名前を聞き取ってもらうことを優先して考えると "My name is ... " では、前置きが長すぎる感がある。

英語で自己紹介するときはファースト・ネームを先にした方が相手にとって姓と名の区別が容易になり、覚えてもらいやすい。ただ、どういう風に名乗るかは、自己アイデンティティにもかかわる問題で、姓と名を逆にすることに抵抗を覚える人がいるのも事実である。例えば、中国の要人などは、"Hu Jintao（胡錦涛）" のように中国名を姓・名の順序で名乗る。ところが一般の中国人は "Tim Lin" のように、名に英語のニックネームを使って英語流の順で名乗る人がほとんどである。要人ならともかく、なじみのない名前を覚えてもらうのは難しいし、覚えてもらえなければ損だと考えるためだろう。

📜 何と呼ばれたいのか？　しなやかに、したたかに状況判断して決めよう！

大学によって異なるが、アメリカの多くの大学では、ファースト・ネームで呼んでほしいと言う先生が珍しくない。また、英語圏では長い名前を1〜2音節程度に短くしたニックネームで呼ぶのが日常的である。"Takeshi" のような日本名は聞き慣れないし、発音しにくいので、ニックネームをつけたがるのである。**Conversation** のような状況で、大学の先生のような知識人は、3音節程度だったらすぐに慣れてくれるに違いないと判断し "Takeshi" を通してもいいし、"Tak" と呼ばれることに違和感がなければ、覚えてもらいやすいニックネームを選択するという方法もある。

ただ、なじみのない名前は正しく発音してもらえないことがあるのも事実である。たとえば、フランス語を母国語とする人は "Hiromi" のHの音を発音できないので /iroumi/ と発音するが、それを訂正するかどうかは、そのときその場の判断である。

📜 気持ちを伝える「ノイズ」

"Mmm,..." は「ふーん」とか「ふむ」とかいうあいづちである。他に「ええと」と考

えるときに使うこともある。

「分かりました」

「意味を理解する」という意味の "get" を用いた表現 "I got it."「分かりました」は、よく使う口語表現である。相手の言ったことを理解したときに使う。

「教えて！」は "Tell me."

間違っても "Teach me." と言わないこと！ **More Conversation** は、先生と日本人留学生の２者間で自己紹介する場面であるが、他に複数の人がいる場合は "Tell us about yourself." になる。"Tell me (us) about ～ ." という表現をはさむと、こちらが相手に適度な関心を持っていることを示し、相手に話す機会を与えることにもなる。そうした気遣いは、話している言語が何語であっても必要である。

電話番号のように、教えてもらいたい情報がはっきりしている場合 "about" は不要である。"Would you tell me your cell phone number?" あるいは "Tell me your cell phone number, would you?" と "would you" をつけ加えると丁寧な聞き方になる。携帯番号を尋ねても失礼にならない間柄なら、"would you" はなくても構わない。ただし、そういう間柄であるかどうかの判断は、もちろん自分でしなければならない。

「つまり、……ってこと？」

"mean" は「意味する」という動詞。"You mean+ 文？" または " 文 , you mean?" という肯定の形の疑問文を使って、相手が言っていることの意味を確認しよう。その際、文末は上昇調のイントネーションにすること。

7. Intonation & Stress 🔘 13

Níce to méet you.

Níce to méet you, tóo.

Hów do you spéll your náme?

- イントネーションを下げる位置と
  トーンの下げ方に注意

- /t/ で終わる語＋半母音 /j/ で始まる語
  →音が変化してリンクしやすい
  meet you = /míːtʃu/

- spell your = /spéljər/

8. Exercises　次の 状況 のセリフを英語で表現してみよう。

☐① 友達に 　休暇はどうだった？

☐② すばらしかったよ。友だち何人かとハワイでキャンプしたんだ。

Lesson 4

[f] – [v]

唇歯摩擦音（しんしまさつおん）
上の歯の先を下唇の内側に軽くあてたまま
強く息を吹き出すようにして音を出す。
[f] は無声音、[v] は有声音。

1. Words 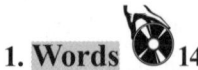 14

[f]
fact [fǽkt]
foreign [fɔ́:rən]
photograph [fóutəgrǽf]
official [əfíʃl]
breakfast [brékfəst]

[v]
vacation [vəkéiʃən]
village [víliʤ]
voice [vɔ́is]
convey [kənvéi]
wave [wéiv]

2. Contrast 14

[f] – [v] Minimal Pairs

fan – van   face – vase   proof – prove
ferry – very   leaf – leave   duff – dove

3. Rhythm & Sound 14

A flea and a fly flew up in a flue.
Said the flea, "Let us fly!"
Said the fly, "Let us flee!"
So they flew through a flaw in the flue. (Tongue Twister)

Vincent vowed vengeance very vehemently. (Tongue Twister)

Lesson 4

4. Short Dialogs 15

Mike: **Okay?**
Mrs. Green: **Not yet. Let's wait for Daddy.**
Mike: **All right. Dad, we're waiting for you.**

Mike: **Now, okay?**
Mr. Green: **Sure. Let's start.**

Mrs. Green: **You are hungry, aren't you?**
Mike: **I am. What about after this? Any dessert?**
Mrs. Green: **How about some ice cream?**
Mike: **Good!**

5. Useful Words & Phrases

☐ May I help you?
☐ a large fries
☐ a tea / a coffee / a coke
☐ ~ is fine.
☐ How about ~? / What about ~?
☐ Yes, please.

☐ No, thank you. / No thanks.
☐ Is that all?
☐ That'll be ~ dollars (and ~ cents).
☐ change
☐ penny /nickel /dime / quarter
　（アメリカ通貨のコインの通称）

17

6. Conversation 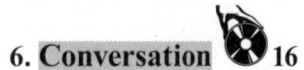 16

At a Fast Food Restaurant

Clerk:	Hello, may I help you?
Takeshi:	Yeah, a cheeseburger and a large fries, please.
Clerk:	Sure. Something to drink?
Takeshi:	I'd like a coke.
Clerk:	What size?
Takeshi:	Small is fine.
Clerk:	How about dessert?
Takeshi:	No thanks.
Clerk:	Okay, is that all?
Takeshi:	Yes.
Clerk:	That'll be four dollars and 25 cents.
Takeshi:	Here.
Clerk:	Thank you. Here's your change.

店員の矢継ぎ早な質問、しかし内容は世界共通

　ファーストフード店員のセリフが日本語のものより短いことに注目しよう。店員は、矢継ぎ早に注文内容を尋ねてくるし、お勧め商品などを紹介したりもする。これは、マニュアル通りになるべく多くの商品を短時間のうちに売るためである。注文のしかたは何語であっても同じなので、店員の矢継ぎ早な質問に慌てることはない。

　飲み物や食べ物の前につける "a" は、ひとつという注文数を表す。通常、食べ物や飲み物は数えられない名詞として扱うものが多いが、ファーストフード店などで注文するときには注文数をはっきりさせるため、数えられる名詞として扱う。「コーヒー、S、ひとつ」と頼むのであれば "A small coffee, please." 「コーヒー、M、ふたつ」なら、"Two medium coffees, please." となり "coffee" が複数形になる。

　「(フライド) ポテト」は英語で "French fries" と言うが、「ハエ」 "fly /flái/" を注文しないよう、/r/ の発音に気をつけよう。ポテトをひとりでふたつ頼むことはめったにないので "Large fries, please." で、「L サイズのポテトひとつ」ということで十分通用する。さらに "a" をつけて "A large fries, please." と注文する人は案外多い。複数形名詞の前に "a" がつくのは、書いてみると実に奇妙な感じではあるが、"a large order of fries" から "order of" が省略されたと考えれば理解できる。

Lesson 4

"May I help you?" に応答しよう！

　店員は接客したいと思って、客の意向を確かめるために "May I help you?" と尋ねる。接客してもらいたい場合 "Yes, I'd like ～"「はい、～をお願いしたいのですが」とか、まだ決まっていない場合 "Not yet, thanks." あるいは "Not yet. I need a little more time."「まだ決まらないので、もう少し時間を……」などと返事をしよう。

　この表現は、レストランだけに限らず、ショッピングの際に店員が、あるいは電話をかけた会社の受付が電話口で問いかけてくる。どんな場合でも "May I help you?" という質問には、何らかの返事をするようにしよう。ちなみに、ウィンドーショッピングの場合は "I'm just looking."「見ているだけなんです」と言って、接客が必要ないことを示す。

「いかがでしょうか？」

　ファーストフード店では、ひと通り注文したと思う頃に "How about dessert?"「デザートは、いかがでしょうか」と勧められることがよくある。"How about ～?" は、直前の状況やセリフと関連しながら「それでは、～はどう」と勧める場合に使う。友達と道を歩いているとき急にアイスクリームが食べたくなったからといって "How about some ice cream?" と唐突に言うことはない。その場合は "Why don't we have some ice cream?" とか "Let's have some ice cream, shall we?" など、提案の表現を使って友達の意向を尋ねるとよい。あるいは "I'm in the mood for some ice cream. How about you?"「アイスクリーム食べたい気がするんだけど、そちらはどう？」と言えば "How about ～?" が使える。

　"What about ～?" という表現は "How about ～?" と同義で、「いかがですか」と勧める場合に使われる。また「どうなるの」と未来のことについて尋ねる場合にも使う。すなわち、この表現は会話の流れによって異なる意味を持ち、勧める場合にも未来のことを尋ねる場合にも使われる。**Short dialogs** では "What about after this? Any dessert?"「食後は？デザートあるの？」と未来のことについて尋ねている。この表現も "How about ～?" と同様、唐突に用いることはない。

数字と貨幣に慣れよう！

　代金はドルやセントを省略し、"Four twenty-five." でも「4 ドル 25 セント」を意味する。数字、よく使う紙幣やコインの名称は、買い物には必須である。したがって聞き取れるように、そして言えるようにしておこう。

　デビットカード（debit card）で買い物をするとコインの煩わしさはないが、値段を確認するために数字が重要なことに変わりない。英語が通用する国々の中には発展途上国も多く、必ずしもデビットカードが使えるとは限らないし、市場や屋台などでは、現金しか使えないところが多いので数字をきちんと覚えておこう。訪れる国の貨幣の扱い方

19

や数の数え方に慣れるのは最低限必要なことである。

「（代金は）〜ドルになります」

　店員が "That's four dollars and 25 cents." 「代金は 4 ドル 25 セントです」とはっきり断定することは、めったになく、"That'll be four dollars and 25 cents." 「代金は 4 ドル 25 セントになります」と未来形になる。請求する代金に迷いがあるわけはなく、今請求しているのに未来形を使う。その理由は、店員と客の関係において、代金をいただく立場にある店員は謙虚さを示し、丁重な態度をとる必要があるからである。未来形を使うことで、その金額に客の了解を得る時間的余裕を与えることになり「〜お支払い頂くことになりますが、よろしいでしょうか」と客に丁重な態度を示すことができる。これは、一種の婉曲的な丁寧表現である。この種の "will" を店員は頻繁に使うが、客の立場で使うと横柄に聞こえるので注意しよう。

代金を渡すときも、「はい」

　Lesson 2 で学んだ物を渡すときの表現は、お金を渡すときにも使う。黙って支払うより、"Here." 「はい」だけでも言って、お金を渡すようにしよう。

7. Intonation & Stress 17

A chéeseburger and a lárge fríes, pléase.

Whát size?

I'd líke a cóke.

- CD 音声では、"..., please." のコンマの前で一旦下降、コンマの後でもう一度下降
  ただし、コンマの後の "please" は上昇調でも構わない

- and a = /əndə/, like a = /láikə/

- /t/, /d/ は聞こえない
  What size? = /hwʌ́(t) sáiz/
  I'd like a = /ai(d) láikə/

8. Exercises　次の 状況 のセリフを英語で表現してみよう。

☐① タクシー運転手が乗客に　高速道路料金込みで 41 ドル 50 セントになります。
☐② はい。急いで頂いたので、お釣りは取っておいてください。フライトに間に合ってよかった。

Lesson 5

[θ] – [ð]

歯間摩擦音（しかんまさつおん）
舌を上の歯の裏側につけ、息の通り道をはばむようにし、そこから息を吹き出すように音を出す。
[θ] は無声音、[ð] は有声音

1. Words 🎵 18

[θ]
think [θíŋk]
tooth [tú:θ]
theater [θíətər]
birthday [bə́:rθdèi]
path [pǽθ]

[ð]
father [fá:ðər]
there [ðéər]
these [ðí:z]
smooth [smú:ð]
rhythm [ríðm]

2. Contrast 🎵 18

[θ] – [ð] Minimal Pair
thigh – thy

[θ]–[ð] Comparisons
worth – worthy   bath – bathe   thought – though
thin – then   breath – breathe

3. Rhythm & Sound 🎵 18

Thanks to the morning light,
Thanks to the foaming sea,
To the uplands of New Hampshire,
To the green-haired forest free. (From "The World-Soul" by Ralph Waldo Emerson)

4. Short Dialogs 🔘 19

Mrs. Green: **Hurry up!**
 We're supposed to be there at eight.
Mike: **Really?**
Mrs. Green: **You know that. Lucy is waiting.**

Mike: **Mom, I'm home.**
Mrs. Green: **Hi. How was your day?**
Mike: **Okay.**

5. Useful Words & Phrases

☐ Make yourself at home. ☐ fridge
☐ Shall I …? / Why don't I …? ☐ as I said / like I said
☐ show … around ☐ share
☐ anything you like ☐ leave ~ open

Lesson 5

6. Conversation 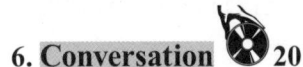 20

A House Tour

Mrs. Green:	Welcome to our house. Make yourself at home.
Takeshi:	Thank you.
Mrs. Green:	Okay now, shall I show you around the house?
Takeshi:	Yes, please.
Mrs. Green:	This is our kitchen. Help yourself to anything in the fridge.
Takeshi:	Really? In Japan, we are told not to open someone's fridge.
Mrs. Green:	It's okay here. Like I said, just make yourself at home…. Now, here's your bathroom. You share it with Mike.
Takeshi:	Okay.
Mrs. Green:	Please leave the door open after using it, which shows nobody's inside.
Takeshi:	Okay, again in Japan, we're supposed to close the bathroom door when we are finished.

 "house tour"「ハウス・ツアー」

　ホームステイする場合はもちろん、ホームパーティなどの食事に招かれたときでも、家の中を案内されることがある。それを "house tour" と呼ぶ。日本では、来客に家の中を案内する習慣がないので "house tour" は日本語に訳しにくい言葉である。

 冷蔵庫は開けよう！

　アメリカのホームステイ先では冷蔵庫は自分で開けて、欲しいものは自分で取ろう。そうしないと逆に、くつろいだ気分になれないままなのか、と心配されることがある。また、自分のほしいものを取るついでに、あるいは手が空いているときに、他人のために何かを取ってあげてもいい。とにかく冷蔵庫の扉は必要に応じて自分で開けよう。

「ホントに？」

　"Really?" とイントネーションは上昇調。相づちの一種で、驚きや疑いの気持ちを表す「ホントに？」とか「うっそー」に相当する。あいづちは会話には必須で、その打ち方は人柄を示す重要ポイントである。"Really?" は、相手の言ったことに関心があることを示すので、適切な状況で使うとコミュニケーションに効果を発揮する。ところが

Short Dialogs のような状況で使うと「分かっているくせに」と言われるような結果になる。また頻繁に言うと疑い深い人だと思われかねないので注意しよう。

📜 ドアは、たいてい開いている

トイレのドアは使用中でないことを示すために、たいてい開いている。その他、大学寮の部屋のドアを開けておく人は多い。トイレとは逆に在室であることを示すか、または、今は入って来てもいいという意味である。

📜 "..., which ..." 「そのことは、……」

この "which" は、前の句、節、文などを受ける関係代名詞である。ここではその前に出てきた「ドアを開けておくこと」を指している

7. Intonation & Stress 21

Shall I shów you aróund the house?

Yés, pléase.

Réally?

- Shall I = /ʃəlai/

- around the = /əráun(d) ðə/

- CD 音声では、"..., please." のコンマの前で一旦下降、コンマの後でもう一度下降
  ただし、コンマの後の "please" は上昇調でも構わない

- 上昇調は、トーンを徐々に上げていく

8. Exercises 次の 状況 のセリフを英語で表現してみよう。

☐① 初めて招かれた友人宅で トイレをお借りしてよろしいでしょうか。
☐② どうぞ。案内しましょう。こちらへ、どうぞ。廊下の突き当たりにドアが開いているのが見えますね。

Lesson 6

[θ] – [s]

[θ]　歯間摩擦音（しかんまさつおん）
舌を上の歯の裏側につけ、息の通り道をはばむようにし、そこから息を吹き出すように音を出す。
[θ] は無声音。

[s]　歯茎摩擦音（しけいまさつおん）
舌先と上歯茎のすき間から、強く息を擦り出し、その息が上の歯をかすめて上下の歯の間から「スー」と出るようにして音を出す。
[s] は無声音。

1. Words  22

[θ]
thing [θíŋ]
throat [θróut]
throw [θróu]
earth [ə́:rθ]
cloth [klɔ́:θ]

[s]
season [sí:zn]
pass [pǽs]
success [səksés]
dance [dǽns]
surprise [sərpráiz]

2. Contrast 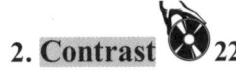 22

[θ] – [s] Minimal Pairs

| think – sink | thumb – sum | math – mass |
| path – pass | faith – face | moth – moss |

3. Rhythm & Sound 🎧 22

I thought a thought.
But the thought I thought wasn't the thought I thought I thought. (Tongue Twister)

Six sick hicks nick six slick bricks with picks and sticks. (Tongue Twister)

4. Short Dialogs 🎧 23

Mrs. Green: **Say when.**
Mike: **When.**

Mike: **You know what?**
Mr. Green: **What?**
Mike: **I picked up a kitty.**
Mr. Green: **Where?**
Mike: **….**
Mr. Green: **Tell me where.**
Mike: **In the backyard. It's in my bedroom now.**

5. Useful Words & Phrases

☐ make a copy
☐ service counter
☐ hall
☐ restroom / ladies' room / men's room

☐ You can't miss it.
☐ Actually, …
☐ You must not …
☐ according to ~

6. Conversation 🎧 24

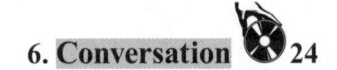

In a College Library

Takeshi: Excuse me. Do you know where I can make a copy from this book?
Librarian: There's a service counter down the hall. You can get it done for free there.
Takeshi: Great! Uh, where's the closest restroom?
Librarian: It's on the second floor next to the elevator. You can't miss it.
Takeshi: Thank you very much.

At the counter, being handed some copies

Takeshi: Can you tell me where I can smoke?
Clerk: Well, I'm sorry to tell you there's no place for smoking inside the building. Actually, you must not smoke in any public place according to the state law.

大学図書館

　サービスは大学によって違うので、コピーの無料サービスがどこの大学でも行われているわけではない。図書館内のサービスの種類やサービスの提供場所については自分で尋ねてみよう。また、司書は本や資料の情報に精通している専門家なので、検索したい事項を質問すると相談にのってくれたり、必要な文献の検索を手伝ってくれたりする。

"toilet" は使わない

　アメリカでは "toilet" という言葉を避ける傾向があり、公衆トイレは "restroom" と呼ぶ。イギリス人は一般的に "lavatory" を使用するが、"toilet" も使う。他に女性用 "ladies' room" 男性用 "men's room" も表示として見かける。"bathroom" は本来の意味からして家庭用を指すことが多いが、アメリカでは現在、公衆トイレの意味で使用する人もいる。

場所を尋ねるとき

　基本は **Short dialogs** にあるように "Tell me where." 「どこなのか、教えて」で、友達どうしならそのまま使える。目上の人や知らない人に尋ねるときは、"Can you" や "Could you" をつけて "Can (Could) you tell me where ...?" という丁寧な表現を使うことが多い。間接疑問文にせず、疑問詞の疑問文を使う場合もあり、それらは **Conversation** 中に示してある。

　疑問詞は、**Short dialogs** にあるように "how" や "wh" ではじまる疑問詞を単独で使ったり "Tell me + 疑問詞" の形で使ったりすることも多く、このような使い方は、親しい友人に対してよく使う。

Short dialogs 中に使われている "Say when."「どこまでか、言って」は、飲み物を注ぐときだけでなく、何か動作を中断するポイントを指示してもらうときに使う決まり文句である。"You know what?" は、何か話し始めるときに相手の注意を引こうとして言う「あのね」に当たる。どちらの表現も親しい間柄で使う。

喫煙所について

アメリカでは年々喫煙所が少なくなり、日本やその他の国々もそれにならう傾向にある。公共の場所での喫煙を禁ずる州法がある場合は、屋外といえどもバス停などでは吸えないし、ホテルでも喫煙室を予約しないと吸えないことがある。

禁煙運動は世界的な流れではあるが、喫煙場所に困るようなアメリカ的状況が一般的なわけではない。フランスのようにタバコ一箱の価格を高くすることで禁煙の方向性を打ち出し、原則として室内は喫煙場所を除くと禁煙、屋外は特に規制なしという国もあるし、スペインのように飲食店のオーナーが店を禁煙にするかどうか決定権を持つ国もある。

「〜してはならない」

規則や法律などによって禁止されていることは、助動詞 "must" の否定文を使い "must not" と短縮せずに使うことが多い。言うときも、"must" と "not" それぞれの語に強勢をおいて発音する。ただし "you must not smoke ..." は、きつい印象を与える表現である。**Conversation** 中で、このセリフを言っているのは厳格な感じの人である。

7. Intonation & Stress 25

Whére's the clósest réstroom?

It's on the sécond flóor néxt to the élevator.

Can you téll me where I can smoke?

- closest restroom = /klóusis(t) réstru:m/
- second floor = /sékən(d) fló:r/
- next to = /néks(t) tə/
- 子音で終わる語＋半母音で始まる語
  →音がリンクしやすい Can you = /kənju/

8. Exercises 次の 状況 のセリフを英語で表現してみよう。

☐① 妻が夫に フード・コートで昼食買ってきてくれない？ 忙しくて、今、料理できないから。

☐② いいよ。何を買って来たらいいのか教えて。中華、イタリアン、トルコ料理……何でも好きなものを買ってくるから。

Lesson 7

[ð] – [d]

[ð]　歯間摩擦音（しかんまさつおん）
舌を上の歯の裏側につけ、息の通り道を
はばむようにし、そこから息を吹き出す
ように音を出す。
[ð] は有声音。

[d]　歯茎破裂音（しけいはれつおん）
舌を上歯茎のあたりに押しあて、そこで
一旦止めた息を破裂させて音を出す。
[d] は有声音。

1. Words 26

[ð]
although [ɔ:lðóu]
southern [sʌ́ðərn]
clothing [klóuðiŋ]
mother [mʌ́ðər]
those [ðóuz]

[d]
daughter [dɔ́:tər]
December [disémbər]
difference [dífərəns]
delicious [dilíʃəs]
dream [drí:m]

2. Contrast 26

[ð] – [d] Minimal Pairs

their – dare
they – day

breathe – breed
thump – dump

lather – ladder

3. Rhythm & Sound 🎧 26

Lesser leather never weathered wetter weather better. (Tongue Twister)

Daffy Down Dilly
Has come to town
In a yellow petticoat
And a green gown. ("Daffy Down Dilly" from *Mother Goose*)

4. Short Dialogs 🎧 27

Mrs. Green: **Wash your hands before snacks.**
Mike: **Why?**

Mike: **I'll name the kitty "Tom."**
Mr. Green: **Why? That's my name, and that cat is female.**

Mike: **I don't want to go shopping.**
Mrs. Green: **Why not? We have to go now.**

Lesson 7

5. Useful Words & Phrases

- ☐ fabric
- ☐ What is it for? / What are they for?
- ☐ pattern
- ☐ Why not?
- ☐ enjoy ~ing
- ☐ once in a while
- ☐ ... as well
- ☐ definition
- ☐ for fun
- ☐ for pleasure

6. Conversation 28

Talking about Hobbies

Takeshi: **Wow! So many pieces of fabric. What are they for?**

Mrs. Green: **For patchwork.** *(Showing a photo collection)*
I'm going to sew them together to make a bedcover like one of these.

Takeshi: **Beautiful patterns—leaves and stars!**

Mrs. Green: **Patchworking is my hobby. What's your hobby, Takeshi?**

Takeshi: **Um, I like driving.**

Mrs. Green: **I wouldn't call that a hobby.**

Takeshi: **Why not?**

Mrs. Green: **Well, you might enjoy going for a drive once in a while, but you drive every day.
My definition of a hobby is something we do for fun.**

"hobby" の定義

　一般的に日常の生活や仕事以外で楽しむ道楽が "hobby" である。人によっては当然、時間やお金をつぎ込むことになる。普段料理する必要のない人が専門的道具を揃え、作った特別な料理を友人らに振舞うなら、それは趣味と言えるだろう。

パッチワークについて

　元来パッチワークは、古着などを継ぎ合わせてベッドカバーやクッションなどにするという家事の範疇であった。安価な輸入品が手に入る昨今、パッチワークは "hobby" とされることが多い。世界中から色々な布を集め、アートと呼べるような作品を完成する人もいる。パッチワークのベッドカバーは "quilt /kwílt/" とも呼ばれ、ペンシルベニア州南西部に多く住む "the Amish"「アーミッシュ」と呼ばれる人々は、土産物として観光客に売っている。

理由を尋ねよう！

　Conversation では、直前のグリーン夫人のセリフが否定文になっていて、否定の理由を "Why not?" と尋ねている。強勢は "not" の方に置かれる。"why" と "not" の両方に強勢をおくと「何だって違うんだよ！」と反論しているように聞こえるので注意すること。

　直前のセリフが否定文でなければ "Why?"「なぜ」と理由を尋ねる。この場合も強い語調で言うと「何でだよ！」と歯向かっているように聞こえる。そういう風に聞こえないように丁重に尋ねたければ "Why is that?"「なぜでしょうか」と尋ねるとよい。

　相手が何か主張してきたら、その理由を尋ねよう。また授業中や日常生活の中でこちらが主張した場合、その理由を尋ねられることがよくあるので準備しておいた方がよい。英語圏では学校でも家庭でも、なぜなのか尋ねるように教育するし、尋ねられた先生や親は、子どもが納得のいくよう説明する。「はいはい」と聞くだけの態度は、必ずしも従順でいいと評価されるわけではなく、逆に本当に納得しているのだろうかと誠実さを疑われることもありうる。

気持ちを伝える「ノイズ」

　"wow /wáu/"「うわーっ」「うぉー」は、喜びや驚きを表し、"um /ʌ́m/" は、ためらいの「えー」とか「そのう」に当たる。

7. Intonation & Stress　29

- 否定の助動詞は強形で発音
  wouldn't call that a = /wúdŋ(k) kɔ́ːl ðætə/
  （would は肯定文では通常、弱形 /wəd/）
- "Why" より "not" の方を強く
- might enjoy = /mái(t) ɛndʒɔ́i/
- once in a = /wʌ́nsinə/
- コンマの前で降昇調→後にセリフが続く
- but you = /bətʃu/

I wóuldn't cáll that a hóbby.

Why nót?

You míght enjóy góing for a dríve ónce in a while, but you dríve évery day.

8. Exercises　次の 状況 のセリフを英語で表現してみよう。

- ① 母親が娘を起こす　スー、もうお昼過ぎよ。疲れてるの分かってるから、起こしたくはないけど。
- ② うーん、何っ！　どうしてもっと早く起こしてくれなかったの？　マットとのデートに遅刻だぁ。

Lesson 8

[s] – [z]

歯茎摩擦音（しけいまさつおん）
舌先と上歯茎のすき間から、強く息を擦り出し、その息が上の歯をかすめて上下の歯の間から出るようにして音を出す。
[s] は無声音、[z] は有声音。

1. Words 🎵 30

[s]
select [silékt]
scenery [síːnəri]
prospect [práspɛkt]
sight [sáit]
mask [mǽsk]

[z]
wise [wáiz]
chimpanzee [tʃìmpænzíː]
zoo [zúː]
prize [práiz]
exercise [éksərsàiz]

2. Contrast 🎵 30

[s] – [z] Minimal Pairs

| sap – zap | sip – zip | seal – zeal |
| sink – zinc | sue – zoo | mace – maze |

3. Rhythm & Sound 🎵 30

Sister Suzie sewing shirts for soldiers

Such skill at sewing shirts

Our shy young sister Suzie shows

Some soldiers send epistles

Say they'd rather sleep in thistles

Than the saucy, soft short shirts for soldiers Sister Suzie sews. (Tongue Twister)

4. Short Dialogs 31

Mike: **Look.**
Mr. Green: **Almost.**

Mike: **Look again.**
Mr. Green: **Good.**

Mr. Green: **Let's take a break.**
Mike: **Yeah.**
Mrs. Green: **Have some cookies and milk.**
Come here and have a seat.

5. Useful Words & Phrases

☐ I have something to talk about.
☐ Do you have a minute?
☐ spare
☐ Come on in. / Come in.
☐ Have a seat.
☐ I'm afraid …
☐ fail

☐ miss a class
☐ probably
☐ quiz
☐ Right. / You're right. / That's right.
☐ memorize
☐ vocabulary

Lesson 8

6. Conversation 🎧 32

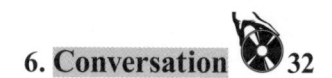

Asking for Advice

At the door, which is open

Takeshi:　　　　　Hello, John.
Dr. McDonald:　　Hi, Takeshi.
Takeshi:　　　　　I have something to talk about. Do you have a few minutes to spare?
Dr. McDonald:　　Okay. Come on in and have a seat.
Takeshi:　　　　　Thank you. Uh, I'm afraid I'm going to fail your class.
Dr. McDonald:　　Well, you've never missed a class, which is good.
Takeshi:　　　　　Yeah, but on seven of the quizzes I got under five points.
Dr. McDonald:　　Right. You probably didn't prepare enough for the quizzes, did you?
Takeshi:　　　　　I thought I did, but…
Dr. McDonald:　　Just memorize 100 sentences for each quiz, and you'll increase your vocabulary.

ここでもドアは開いている！

　先生の研究室のドアは、在室のときは開いている。会社などでも、ひとりかふたりで使用している小さい部屋のドアは開いていることが多い。まず、挨拶して声を掛けるようにしよう。入るように言われたら、ドアは閉めずにそのまま中で話すのが礼儀である。

相談や質問があるとき

　Conversation の中の "I have something to talk about. Do you have a few minutes to spare?" という2文から成る表現は「ちょっと相談したいことがあるんですが、お時間頂けますか」に当たると思ってよい。ほんの少しの時間を想定して "Do you have a minute?"「ちょっとお時間ありますか」という表現もよく使う。

「お掛けください」

　これに相当する表現は、命令口調の "Sit down, please."「お座りなさい」ではなく、"Have a seat." または "Please be seated." である。丁寧な表現を覚えて、友人や同僚に命令口調を使わないようにしよう。ただ、命令文が必ずしも命令口調であるとは限らず、"Have a seat." のように丁寧な命令文もある。また、クラスメートや同僚などに、命令文で「〜して」と頼むことは日常的で、命令文を使ったからと言って、常に命令しているというわけではない。

小テスト

"quiz" と呼ばれ、**Conversation** の場合、10 点満点の小テストで 7 回も半分以下の点をとってしまったということである。小テストの規模や回数は授業によって異なるが、アメリカの語学の授業では実施されることが多い。抜き打ちの小テストや先生が口頭で問題を言う簡単なテストは "pop quiz" と呼ばれる。

「もしかして」「十中八九」

"maybe" "perhaps"「もしかすると、ひょっとして」は確率的に 50％程度だと言われる。"probably" は、それより確率的に高いときに使い、70％程度という人もいれば「十中八九」に当たるという人もいる。これら 3 つのうちのどの語も、会話の中では直前のセリフに付け足すように単独で使われることがある。

7. Intonation & Stress 33

I háve sómething to tálk about.

Do you háve a few mínutes to spáre?

You próbably dídn't prepáre enóugh for the quízzes, díd you?

- talk about = /tɔ́:kəbaut/
- have a = /hǽvə/
- didn't prepare = /dídm(p) pripɛ́ər/
- /f/ は聞こえない
    enough for = /inʌ́(f) fər/
- did you = /dídʒu/
- 確信を持って念押しする不可疑問は下降調

8. Exercises　次の 状況 のセリフを英語で表現してみよう。

☐① 授業後に学生が先生に　質問があるんですが、お時間ありますか。
☐② いいですよ。今の講義についてのことでしょうか？　他のことでしょうか？

Lesson 9

[z] – [ð]

[z] 歯茎摩擦音（しけいまさつおん）
舌先と上歯茎のすき間から、強く息を擦り出し、その息が上の歯をかすめて上下の歯の間から出るようにして音を出す。
[z] は有声音。

[ð] 歯間摩擦音（しかんまさつおん）
舌を上の歯の裏側につけ、息の通り道をはばむようにし、そこから息を吹き出すようにして音を出す。
[ð] は有声音。

1. Words 34

[z]
realize [ríəlàiz]
anxiety [æŋzáiəti]
breeze [brí:z]
phase [féiz]
advise [ədváiz]

[ð]
rather [ræðər]
another [ənʌ́ðər]
without [wiðáut]
weather [wéðər]
either [í:ðər]

2. Contrast 34

[z] – [ð] Minimal Pairs

breeze – breathe   close (v.) – clothe   closing – clothing
wizard – withered   Zen – then   bays – bathe

3. Rhythm & Sound 🎵 34

Zeus is the air, Zeus the earth, Zeus all things and what transcends them all.
(From *Greek Tragedian* by Aeschylus)

God is our refuge and strength, a very present help in trouble.
Therefore will not we fear, though the earth be removed,
and though the mountains be carried into the midst of the sea;
Though the waters thereof roar and be troubled,
though the mountains shake with the swelling thereof.
("Psalms, psalm 46: 1-3" from *The Holy Bible*, King James Version)

4. Short Dialogs 🎵 35

Mr. Green: **Mike, can you take this glass to Mom in the kitchen?**
Mike: **Sure. Why not?**

Mike: **Dad, I broke a glass.**
Mr. Green: **What? Tell me what happened.**
Mike: **I dropped it. I'm so sorry.**
Mr. Green: **Oh, well.**
Mrs. Green: **I don't mind.**
Can you throw the pieces away, Tom?

Lesson 9

5. Useful Words & Phrases

- ☐ Can you do me a favor? / May I ask you a favor? / I'd like to ask you a favor.
- ☐ look ~ over / look over ~
- ☐ paper
- ☐ correct
- ☐ if you don't mind
- ☐ Not at all.
- ☐ deadline
- ☐ the day after tomorrow
- ☐ cafeteria

6. Conversation 36

Asking a Favor

Takeshi: Can you do me a favor, Lisa?

Lisa: Of course. What is it?

Takeshi: Would you look over this paper for me?

Lisa: You mean you want me to correct your English?

Takeshi: Yes, if you don't mind.

Lisa: Not at all, but can you wait until tomorrow? I have to work this evening.

Takeshi: Of course! The deadline is the day after tomorrow. I still have time.

Lisa: Okay. Give me the paper, and I'll meet you tomorrow at noon here in the cafeteria.

📜 お願いする側、される側、お互い交渉しよう！

「お願いしたいことがあるんですが……」と頼まなければならない事態は必ずやってくる。**Useful Words & Phrases** の最初にあるような表現を使えるようにしておこう。「お願いするとき」は相手の状況を考慮しながら丁重に頼もう。また「お願いされる」側に立った場合も、自分の状況を考慮しながら、きちんと約束しよう。安請け合いは禁物で、最初の交渉がいいかげんだと、結局約束を守れないなど大変な事態を招きかねないので注意しよう。

📜 授業で課される「レポート」

「レポート」は、アメリカの大学では "paper" と呼ばれる。"paper" という単語は「文書」「新聞」など多義にわたるので、辞書を引いて確認しておこう。

「つまり、……ってこと?」

"mean" は「意味する」という動詞で、"You mean + 文？" または "文, you mean?" という肯定の形の疑問文を使って、相手が言っていることの意味を確認しよう。その際、上昇調のイントネーションにすること。

大学食堂

一般的に、セルフサービス方式の大学食堂は "cafeteria /kæfətíəriə/" と呼ばれる。飲み物とサンドイッチやピッツァなどを購入する売店は "snack bar" である。

7. Intonation & Stress 37

Can you dó me a fávor?

Would you lóok óver this páper for me?

Nót at áll, but can you wáit until tomórrow?

- Can you = /kənju/, Would you = /wədʒu/

- look over = /lúkóuvər/

- コンマの前で降昇調→後にセリフが続く

- Not at all = /nátətɔ́:l/

- but can you = /bə(k) kənju/

8. Exercises　次の 状況 のセリフを英語で表現してみよう。

□① 会社で部下に　これをコピーして、課の全員に配ってもらえませんか。

□② 全部で 15 部コピーすればいいですね？　すぐ、いたします。

Lesson 10

[ʃ] – [ʒ]

歯茎硬口蓋摩擦音（しけいこうこうがいまさつおん）
他人に静かにしてほしいときに「シィー」と言うときの口の形、舌の位置である。唇を丸めて軽く突き出し、舌と上あごの硬い部分のすき間から擦り出す息を前歯にあてるようにして音を出す。
[ʃ] は無声音、[ʒ] は有声音。

1. Words 38

[ʃ]
she [ʃiː]
shout [ʃáut]
machinery [məʃíːnəri]
finish [fíniʃ]
ocean [óuʃən]

[ʒ]
usual [júːʒuəl]
inclusion [inklúːʒən]
conclusion [kənklúːʒən]
treasure [tréʒər]
casual [kǽʒuəl]

2. Contrast 38

[ʃ] – [ʒ] Minimal Pairs

leash – liege   louche -luge

3. Rhythm & Sound 38

Shoes and socks shock Susan. (Tongue Twister)

Haste still pays haste, and leisure answers leisure;
Like doth quit like, and MEASURE still FOR MEASURE.
(From *Measure for Measure* by William Shakespeare)

4. Short Dialogs 39

Mr. Green: **Can you count from one to ten?**
Mike: **I'm not sure. One, two, three, …**

Mike: **I'll put them away later.**
Mrs. Green: **Are you sure?**
Mike: **Yeah, I promise.**

Mr. Green: **Make sure you've got everything.**
Mike: **Okay.**

5. Useful Words & Phrases

- ☐ I have a problem.
- ☐ What's the matter? / What's wrong?
- ☐ take a bus / take a train / take a taxi
- ☐ wrong
- ☐ get off / get out (of)
- ☐ I'm not sure.

- ☐ sign
- ☐ flag a taxi
- ☐ And?
- ☐ make sure …
- ☐ in front of ~
- ☐ pick ~ up / pick up ~

Lesson 10

6. Conversation 40

Asking for Help on the Phone

Takeshi is calling Mr. Green on the cell phone.

Takeshi:	Tom? It's me.
Mr. Green:	Hi, Takeshi.
Takeshi:	I have a problem.
Mr. Green:	What's the matter?
Takeshi:	I took the wrong bus and got off just now.
Mr. Green:	Where are you?
Takeshi:	I'm not sure, but I see the sign for the Blue Lake Hotel.
Mr. Green:	Just flag a taxi.
Takeshi:	And?
Mr. Green:	Tell the driver to go to J-mart downtown.
Takeshi:	Okay.
Mr. Green:	Make sure you get out in front of the main entrance.
Takeshi:	Then what should I do?
Mr. Green:	I'll come pick you up. See you there. Bye.

困ったとき、迷ったときは……

　周囲に人がいる場合は近くの人に、いなければ電話して助けを求めるとよい。道に迷った場合、歩ける範囲なら尋ねながら目的地に到達できるだろうが、歩けそうな距離でなければ、タクシーに乗るのが早い。町の主なタクシー会社の電話番号をメモしておくと迷ったときに電話で呼べるので便利である。

　「車に乗せてあげよう」という親切な人もいるが、見知らぬ人が親切で言っているのか、他に目的があってそう言っているのか見分けがつかないので、乗るべきではない。違うバスに乗ってしまったら、降りる前にバスの運転手に、どうしたらいいか尋ねるのもひとつの手である。親切で道に詳しい運転手なら何か情報をくれるだろう。しかしながら、バスの運転手でも自分が運転するルート以外は知らない人もいるので、当てにならないことも多い。

　これらは公共交通機関がある町での話で、バスやタクシーのない田舎町もアメリカには多い。自分で車を運転するときは必ず地図を積んでおこう。

分からないときは……

　さっぱり見当がつかないときは "I have no idea." "I don't know." と言うが、時として突き放したように聞こえることがある。**Conversation** のように目印になりそうなところが見えている場合、何かしら見当がつくとき、もしくは確認すれば分かりそうな場合は "I'm not sure." 「よく分からないんだけど…」を使った方がよい。

乗り物によって乗り方、降り方が違う！

　言葉の使い方は乗り物によって少々異なる。バス、列車などに「乗る」は "get on" で、これは、自転車、馬、飛行機、船などに乗るときも使え、それらのものを「降りる」は "get off"。エレベーター、乗用車、タクシーなどに「乗る」は "get in (or into)" で、「降りる」は "get out (of)"。"board" は、バスや列車にも使えないことはないが、通常、飛行機や船の待合室での放送に使われる。また、乗り物を「利用する」に当たるのは "take" である。

　「駅に車で迎えに来ていただけませんか」に当たる "Can (Could / Would) you pick me up at the station?"、「ここで降ろしていただけませんか」"Can you drop me off here?" などは便利な表現である。以上は基本的な使い方で、その他にも色々な言い方があるが、まずは基本の表現を使えるようにしよう。

7. Intonation & Stress 🎧 41

I tóok the wróng bús and got óff just now.

Make súre you get óut in frónt of the máin éntrance.

I'll cóme pick you úp.

- and got off = /ən(d) gɑtɔ́ːf/
- get out = /gɛtáut/
- in front of the = /in fránte(v) ðə/
- main entrance = /méinéntrəns/
- 子音で終わる語＋半母音で始まる語
  →音がリンクしやすい
  pick you up = /pikju ʌ́p/

8. Exercises　次の 状況 のセリフを英語で表現してみよう。

☐① 友達に　なんだか分からないんだけど、あまり気分がよくないの。

☐② 最近ずっと忙しかったから、きっと疲れてるんだよ。必ず十分に休息をとってね。

Lesson 11

[ʃ] – [s]

[ʃ] 歯茎硬口蓋摩擦音
　　（しけいこうこうがいまさつおん）
他人に静かにしてほしいときに「シィー」と言うときの口の形、舌の位置である。唇を丸めて軽く突き出し、舌と上あごの硬い部分のすき間から擦り出す息を前歯にあてるようにして音を出す。
[ʃ] は無声音。

[s] 歯茎摩擦音（しけいまさつおん）
舌先と上歯茎のすき間から、強く息を擦り出し、その息が上の歯をかすめて上下の歯の間から「スー」と出るようにして音を出す。
[s] は無声音。

1. Words 42

[ʃ]
shake [ʃéik]
demonstration [dèmənstréiʃən]
musician [mju:zíʃən]
Spanish [spǽniʃ]
shelf [ʃélf]

[s]
station [stéiʃən]
steak [stéik]
sunny [sʌ́ni]
sightseeing [sáitsi:iŋ]
just [ʤʌ́st]

2. Contrast 🎵 42

[ʃ] – [s] Minimal Pairs

Irish – iris	ship – sip	shell – sell
sheet – seat	shake – sake	lash – lass

3. Rhythm & Sound 🎵 42

Sister Sue sells sea shells.
She sells sea shells on shore.
The shells she sells are sea shells she sees.
Sure she sees shells she sells. (Tongue Twister)

4. Short Dialogs 🎵 43

Mike: **I want to watch TV now. Please open it.**
Mrs. Green: **Let me see. Where did I put my key?**

Mrs. Green: **You want to watch TV, right?**
Mike: **I wanted to, but she wants to play with me.**

Mike: Dad, can I have some water for her?
Mr. Green: Give me the bowl. Just a second.
Mike: She seems thirsty.
Mr. Green: Don't rush me so.

5. Useful Words & Phrases

- open an account / close an account
- checking account / savings account
- ID / identification
- Let me see. / Let's see.
- driver's license
- deposit
- traveler's checks

- transfer
- fill ~ out / fill out ~
- exchange
- …, right?
- currency
- commission
- rate

6. Conversations 44

At a Bank

Bank Teller: Good afternoon. How can I help you?
Takeshi: I'd like to open an account with you.
Bank Teller: Checking or savings?
Takeshi: Checking, please.
Bank Teller: Do you have any ID? Perhaps a driver's license or a passport?
Takeshi: I have my passport. Let me see. Here it is.

After checking the passport

Bank Teller: How much would you like to deposit?
Takeshi: I have $500 in traveler's checks now, and later I want to transfer $3,000 into my account.
Bank Teller: All right. Would you fill this out then?

More Conversation at a Bank

Takeshi:	**I'd like to exchange some Japanese currency.**
Bank Teller:	**In U.S. dollars, right?**
Takeshi:	**Yes. What commission do you charge?**
Bank Teller:	**Two percent, sir. And the exchange rate for today is one hundred and two yen to the dollar. How much would you like to exchange?**
Takeshi:	**Thirty thousand yen, please.**
Bank Teller:	**All right. That comes to $294. … Here you go.**
Takeshi:	**Thank you very much.**
Bank Teller:	**Thank YOU.**

「……したいんですが」

"I'd like to ..." は「……したいと思っているんですが……、（お願いできるでしょうか）」と婉曲的に依頼をするときの表現である。婉曲的にお願いすると丁寧な表現になる。

口座開設

中長期に渡って滞在する場合、銀行に口座を開くことになる。口座開設には身分証明書の提示を求められるが、学生証は通用しないことが多いので注意すること。また **Useful Words & Phrases** の２番目にある基本的な２種類の口座を覚えておこう。実際には、各銀行口座に付随するサービスなど色々なことを説明されるが、分からないことがあれば質問して説明を求めるとよい。また、銀行に行く前に周りの人がどういうことに小切手を使用しているか確かめておくとよい。小切手はいらないと思っていても、寮など自分の生活圏内で必要な場合があったり、アパートに住むと公共料金の支払いに小切手を郵送したりすることがあるので、持っていると便利である。日本にあるような口座からの自動引落しはないものと考えておくこと。

「ちょっと……」

ちょっとだけ待ってほしいときや考える時間がほしいときは "Let me see." 「ちょっと……」と言いながら待ってもらおう。

現地通貨への両替

旅行などの短期滞在ではもちろん、中長期に渡って滞在する場合でも初めのころは現地通貨に両替する必要がある。現金は紛失したら戻ってくる可能性がほとんどないので、

多額に所持しないようにしよう。そのためにクレジットカードを持っておくと便利である。また旅先では同じ地域でも、両替所や銀行によって為替レートや手数料も異なる場合が多いので、有利な両替をしたい人は事前にチェックした方がよい。

確認の「……ですよね」「……ってことね」

一般的に文のあとに "..., right?" と上げ調子でつけ加えると、その文に「ですよね」とつけ加えて確認する表現になる。相手の言うことを確認することは、コミュニケーションにおける必須事項である。**More Conversation** にあるように、文ではなく句につけ加えて確認することもある。"right" は「正しい」という意味なので、私の言っていることは「正しいですよね？」と確認しているわけである。

7. Intonation & Stress 🎧 45

Perháps a dríver's license or a pássport?

I want to tránsfer thrée thóusand dóllars into my accóunt.

In Ú.S. dóllars, right?

- 文修飾の副詞は降昇調
- or a = /ɔrə/
- "A or B?"「AかBか、あるいは何か他のものでも…」と尋ねるときは、AでもBでもイントネーションを上げる
- 一語のように　want to = /wánə/
- 「ですね」と確認する "..., right?" は、上昇調

8. Exercises　次の状況のセリフを英語で表現してみよう。

☐① 客として銀行に入ってすぐ　口座開設に関してお尋ねしたいことがあるんですが。
☐② かしこまりました。2階に上がって、デスクでお尋ねください。そちらで承ります。

Lesson 12

[tʃ] – [dʒ]

歯茎硬口蓋破擦音（しけいこうこうがいはさつおん）
舌を上歯茎のあたりにつけ、そこで一旦止めた息をゆっくりと破裂させるようにして音を出す。舌をつける位置は [t], [d] のときより心持ち後ろにずらしたあたりである。
[tʃ] は無声音、[dʒ] は有声音。

1. Words 🎧 46

[tʃ]
cheerful [tʃíərfəl]
approach [əpróutʃ]
chance [tʃǽns]
kitchen [kítʃən]
catch [kǽtʃ]

[dʒ]
enjoy [indʒɔ́i]
encouragement [inkʌ́ridʒmənt]
individual [ìndəvídʒuəl]
journey [dʒə́ːrni]
strange [stréindʒ]

2. Contrast 🎧 46

[tʃ] – [dʒ] Minimal Pairs

chess – jess   cherry – Jerry   chump – jump
chott – jot   cheap – jeep   chock – jock

3. Rhythm & Sound 🎧 46

Things do not change; we change. (From *Walden* by David Thoreau)

Orange jello, lemon jello,
Orange jello, lemon jello,
Orange jello, lemon jello. (Tongue Twister)

Lesson 12

4. **Short Dialogs** 47

Mrs. Green: **It's stuffy in here. Open the window.**
Mike: **Okay.**

Mr. Green: **Ouch! She scratched me.**
Mike: **Sorry about that.**
Mr. Green: **Oh, well. That's okay.**

Mike: **Ow! She got me, too. It's bleeding.**
Mr. Green: **It's going to be okay. Don't cry.**

5. Useful Words & Phrases

- ☐ have ~ registered
- ☐ registered mail
- ☐ form
- ☐ fill ~ in / fill in ~

- ☐ smudge
- ☐ legible
- ☐ stamp
- ☐ in total

6. Conversation 🎧 48

At a Post Office

Office Clerk: **Hi, how can I help you?**

Takeshi: **I'd like to have this letter registered.**

Office Clerk: **Okay. Please fill out this form.**

Takeshi: *(Filling in the address)* **Uh-oh, I smudged here. Is this okay?**

Office Clerk: **If it's legible.** *(Looking in)* **Yeah, that's okay.**

Takeshi: **I'd like some stamps for a postcard.**

Office Clerk: **What size?**

Takeshi: **I'm sending this card. How much is it?**

Office Clerk: **41 cents for the large card, and five dollars and 20 cents for the registered mail. $5.61 in total.**

📝 「～してもらいたい」とき

"have ＋名詞＋過去分詞" の形で「（名詞を）～してもらう」という意味である。**Conversation** の "I'd like to have this letter registered."「書留にして頂きたいんですが」のように "I'd like to" をつけると「～していただきたいんですが」という婉曲的で丁寧な依頼表現になる。

Lesson 12

郵便局で手紙や小包を依頼するとき

　書留にすると、重量や補償額によって保険 "insurance" の費用が異なるので郵便局での会話は、もう少し複雑になるかもしれない。速達はスピードによって "Express Mail" "Priority Mail" などの種類がある。かかる日数と費用など詳しい説明を求めるとよい。葉書はサイズによって切手代が異なるので、直接見せると分かりやすい。あるいは、インターネットで必要な情報をチェックしてから郵便局に行くとよい。

「記入する」

　テスト問題で「それらの空所に書き入れなさい」は "Fill in the blanks." である。履歴書や志願票などの「書式に書き入れなさい」も "Fill in the form." で構わないが、アメリカ英語では、「書き入れて書式を完成させる」という意味合いを含め "Fill out the form." と言うことが多い。この場合の "out" は「完全に」という意味の副詞である。

依頼の命令文と優しい響きの命令文

　Short Dialogs の "Open the window."「窓開けて」や **Conversation** の "Please fill out this form."「この書式に記入してください」は命令文であるが、依頼するときに使うもので命令口調には聞こえない。また、**Short Dialogs** の "Don't cry." は「泣かないで」と慰めるときの否定命令文で、命令口調どころか優しい響きがある。他に "Don't be shy."「恥ずかしがらないで」も同様に優しい響きの否定命令文である。

"okay" の意味は状況によって色々

　Conversation では、アドレス記入の際にインクがかすれたところを指して "Is this okay?"「これ大丈夫でしょうか」と尋ねたのに対し、郵便局員が確認の後で "That's okay."「大丈夫です（ので気にしないでください）」と返答している。

　Short Dialogs の中では、直前の動作を指す代名詞 "that" を使い、自分の飼い猫がお父さんを引掻いたことを "Sorry about that."「ごめん」と子どもが謝ったのに対し、お父さんが "That's okay."「気にしなくていいよ」と応答している。これは **Lesson 1** の **More Conversation** で座席を間違えて座っていた人が "Sorry about that."「すみません」と謝ったのに対し "That's all right."「気にしないでください」と返したのと同様のやりとりである。

　Short Dialogs の中では、傷を痛がるとともに出血を見て不安がる子どもに "It's going to be okay."「大丈夫（治るよ）」と慰めの言葉として掛けている。この場合の "it" は話をしている時点の状況を表す。

気持ちを伝える「ノイズ」

「しまった」とか「ありゃ」とか、失敗したときに発する "uh-oh /ʌ́ou/" であるが、ちょっと鼻にかけて前の音を高く、後を低く発音する。いったん言えるようになると、つい口をついて出てくるので日本語を話すときには出さないように注意しよう。

Short Dialogs の中の "Ouch /áutʃ/!" と "Ow /áu/!" はともに「痛い！」と感じた瞬間に発する音である。ただし、"Ow!" の方が痛みの激しい場合に使い、もっと痛い場合は "aaah /ɑ́ː/" と声を張り上げることもある。

7. Intonation & Stress 🎧 49

Pléase fill óut this fórm.

Pléase fill it óut.

- fill out this = /filáu(t) ðis/

- fill it out = /filitáut/

8. Exercises　次の 状況 のセリフを英語で表現してみよう。

☐① 郵便配達夫が　こんにちは。イトウ・タケシさんに書留です。差出人の確認をお願います。

☐② 日本のヤマダさんからだ。待っていたんです。ちょっと待ってください。サインしますから。

Lesson 13

[h]

無声・声門摩擦音（むせい・せいもんまさつおん）
冷たくなった手に息を吹きかけて暖めるときのように、喉の奥から「ハー」と息を出す。[h]は無声音。

1. Words 50

[h]

hello [hɛlóu]　　　　　　　happy [hǽpi]
behavior [bihéivjər]　　　　childhood [tʃáildhùd]
hurry [hə́:ri]　　　　　　　hire [háiər]
hound [háund]　　　　　　perhaps [pərhǽps]
homepage [hóumpèidʒ]　　hurt [hə́:rt]

2. Contrast 50

[h] – [f] Minimal Pairs

hang – fang　　　honey – funny　　　heat – feet
home – foam　　　holly – folly　　　hat – fat

3. Rhythm & Sound 50

Who win, and nations do not see –

Who fall – and none observe –

Whose dying eyes, no Country

Regards with patriot love –

(From "To fight aloud, is very brave" l. 5-8 by Emily Dickinson)

4. **Short Dialogs** 51

Lucy: **Let's draw a picture of Mom.**
Mike: **You mean I draw my mom?**
Lucy: **Yeah, and I'm going to draw my mom.**

Mike: **Mom.**
Mrs. Green: **What?**
Mike: **Here.**
Mrs. Green: **How come?**
Mike: **It's for you. I drew a picture of you.**
Mrs. Green: **Oh, thank you!**

5. **Useful Words & Phrases**

☐ plan
☐ How come … ?
☐ How about ~ing?
☐ What kind of …?

☐ special
☐ dumpling
☐ Shall we …?
☐ Good idea.

6. Conversation 52

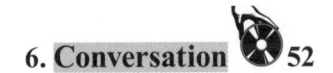

Accepting an Invitation to Dinner (1)

Matt: What are you planning for this weekend?
Takeshi: Nothing special. How come?
Matt: Well, how about going out to eat? There's a new restaurant at the port.
Takeshi: What kind of restaurant?
Matt: It's a Chinese restaurant. The special this week is dumplings.
Takeshi: Sounds good. Can Susie come with us? She loves dumplings.
Matt: Sure. Shall we ask Julie, too?
Takeshi: Good idea. Let's do that.

週末の予定

アメリカ人と話しているとよく週末の予定を尋ねられる。**Conversation** のように何かに誘いたいと思って尋ねる場合もあれば、挨拶代わりだったりする場合もある。また、月曜日の挨拶には "Hi! How was your weekend?"「やあ、週末はどうだった」と尋ねられることが多い。

「ナゼ？」

"How come ...?" は「ナゼ？」と問うときの口語表現で、怒っているときには使わない。"How does it come about (that) ...?" が短くなったもので、もともと that 節が続いていたので、短くなった形でも後に肯定文が続く。Ex. How come you ask me that?

提案する

"How about ~ing?" は、週末の予定を話しているときなどに「じゃ、～するのは、どう」と提案するのに便利な表現である。"How about + 名詞" と同様、話の流れの中で前に述べたことに関連して使い、唐突には使わない。

Short dialogs のような状況では "How about ~ing?" は使わず "Let's ..." を使って "Let's draw a picture of Mom."「ママの絵を描こうよ」と提案している。**Conversation** にあるように "Let's do that." と相手の提案を受けて「そうしよう」と同意する場合にも使える。

📜 相手の考えていることや提案に同意する

相手の考えに支持を示すとき "Sounds good."「なかなかよさそう」と "(That) 知覚動詞＋形容詞" の構文に知覚動詞の "sound" を入れて使う。この構文は **Lesson 19** の **Conversation** にもでてくるので、そこで詳しく説明する。相手の意見に賛成する場合、"Good idea."「実に名案」と褒めながら言う方法もある。

7. Intonation & Stress 🎧 53

How cóme?

How abóut going óut to éat?

Shall we ásk Júlie, tóo?

- How about going out to
  = /hauəbáu(k) gouiŋáu(t) tə/

- Shall we = /ʃəlwi/

- 上昇調は、トーンを徐々に上げていく

8. Exercises　次の 状況 のセリフを英語で表現してみよう。

☐① 男友達どうしで 嬉しそうだね。どうして？

☐② 今週末、夕食に出かけないかってジュリーを誘ったら、彼女「うん」って言ったんだ。

Lesson 14

[m] – [n] – [ŋ]

[m]

両唇鼻音（りょうしんびおん）
唇をしっかり閉じ、鼻から息を抜きながら「ン」と発音する。
[m] は有声音。

[n]

歯茎鼻音（しけいびおん）
唇を閉じずに舌を上歯茎にしっかりと押しつけ、鼻から息を抜きながら「ン」と発音する。
[n] は有声音。

[ŋ]

軟口蓋鼻音（なんこうがいびおん）
舌の後ろの方を盛り上げて上あごの奥に押しつけ、鼻から息を少し抜きながら音を出す。
[ŋ] は有声音。

1. Words 54

[m]
monkey [mʌ́ŋki]
formally [fɔ́:rməli]
mild [máild]
solemn [sáləm]
important [impɔ́:rtənt]

[n]
need [ní:d]
neighbor [néibər]
downtown [dáuntáun]
son [sʌ́n]
knife [náif]

[ŋ]
tongue [tʌ́ŋ]
penguin [péŋgwin]
long [lɔ́:ŋ]
finger [fíŋgər]
sink [síŋk]

2. Contrast 🔊 54

[n] – [ŋ] Minimal Pairs

| kin – king | din – ding | tin – ting |
| pin – ping | sinner – singer | |

[m]-[n] Minimal Pairs

| gum – gun | mommy – money | bum – bun |
| mood – nude | mope – nope | coming – cunning |

[m]-[n]-[ŋ] Minimal Pairs

| dam – Dan – dang | Pam – pan – pang | bam – ban – bang |
| rum – run – rung | gam – gan (v) – gang | some – son – sung |

3. Rhythm & Sound 🔊 54

Are you sleeping?
Are you sleeping?
Brother John?
Brother John?
Morning bells are ringing,
Morning bells are ringing,
Ding, ding, dong!
Ding, ding, dong!   ("Are you sleeping?" Nursery Rhyme)

4. Short Dialogs 🔊 55

Mike: **Mom. I need shampoo.**
Mrs. Green: **You've got a bottle there, right?**
Mike: **Yeah, but I want you to refill it.**
Mrs. Green: **Oh, it's empty. Okay, I'm coming.**

Mrs. Green: **Give me the bottle.**

Mike: **Here.**

Mrs. Green: **Wait a few more seconds. ... Okay, here.**

Mike: **Thanks.**

5. Useful Words & Phrases

☐ be going to ~   ☐ need to ~

☐ want to ~   ☐ a bunch of

☐ go shopping   ☐ surprising

☐ downtown   ☐ think of ~ as ...

6. Conversation 56

Chatting with a Friend (1)

Matt: I'm going to go shopping this afternoon. You want to come?

Takeshi: Where are you going?

Matt: Pyramid Mall downtown.

Takeshi: Is there anything you want to buy?

Matt: I need to get a bunch of flowers.

Takeshi: What for?

Matt: A present for Julie. It's Valentine's Day today.

Takeshi: YOU're going to buy HER a present?

Matt: Yeah, what's so surprising?

Takeshi: Usually in Japan, girls give chocolate to boys on Valentine's Day. Some people may think of it as a custom now.

未来の意思や予定を表す "be going to ~"

"gonna /gənə/" という表記があるほど "going" と "to" は、一語であるかのように発音する。"be going to ~" は、**Conversation** の中では「～つもりだ」という意思を表すが、単純に未来を表すこともある。たとえば、空に寄せる暗雲を見上げて "It's going to rain."「じき、雨になりそう」と言えるし、天気予報では "It's going to rain tomorrow."「明日は雨になるでしょう」と言う。

「～したい」気持ちを率直に伝える "want to ~"

"wanna /wánə, wɔ́nə/" という表記があり、これも "going to" と同様、一語のように発音する。**Conversation** のように親しい友達と話すとき、相手が自分の予定に乗ってくる気持ちがあるかどうか率直な気持ちを尋ねるのに使う。また、自分の夢を語りたいときは "I want to be a singer-songwriter someday." と言う。しかしながら自分の要求を主張し、その結果が他人にも及ぶような場合にこの表現を使うと幼稚でわがままに聞こえる。たとえば、仕事の会議日程や時間調整を相手に頼むとき "I want to reschedule today's meeting."「今日のミーティングを変更したい」と言うのは、少々高飛車な態度になる。

「～しなくては……」という "need to ~"

一語表記はないが、/d/ の音が破裂せず聞こえないので /níːtə/ と一語であるかのように発音する。**Conversation** の場合、義務や強制を表す "must" は使わない。何か用事があってその場を立ち去らなければならない場合は "I need to go."「（そろそろ）行かなくては」と言い、それよりもっと時間にせまられている場合は "I have to go."「（すぐ）行かなくては」と言う。場違いな "must" を使わないように、あるいは "want to ~" を頻繁に使いすぎないためにも、覚えて使えるようにしたい表現である。

バレンタイン・デーについて

2月14日は世界各地で愛の誓いの日として知られるが、過ごし方は国や地域により異なる。アメリカでは多くのカップルが食事に出かけ、花を贈ったり、何かしらのプレゼントをする人は男女にかかわらず結構いる。チョコレートは、小学校のクラスで小さい粒をひとつずつ配る先生もいるらしいが、この日に必ず贈るプレゼントというわけでもない。

Lesson 14

7. Intonation & Stress 57

I'm going to gó shópping this afternóon.
You wánt to cóme?

I néed to gét a búnch of flówers.

YÓU're going to búy HÉR a présent?

- this afternoon = /ðisæftɚnúːn/

- 第１文と第２文が意味的につながっているので第１文の最後で少し上がる降昇調

- 一語のように　going to = /gənə/
　　　　　　　want to = /wánə, wɔ́nə/
　　　　　　　need to = /níːtə/

- get a bunch of flowers =/gɛ́tə bʌ́ntʃə(f) fláuɚz/

- 通常、代名詞には強勢をおかないが、ここでは強調のためにおく

8. Exercises　次の 状況 のセリフを英語で表現してみよう。

☐① 女友達どうしで 自分用に革のパンプスを買わなきゃいけないんだけど、いい店知らない？

☐② 街のピラミッド・モールに「ミラノ」っていう靴屋があって、質のいい靴を売ってるよ。

Lesson 15

[r] – [l]

[r] 歯茎接近音（しけいせっきんおん）
舌先を軽く後ろにそらせるようにするか、舌全体を後ろに引くようにして、舌の中ほどを盛り上げて音を出す。
[r] は有声音。

[l] 歯茎側面接近音（しけいそくめんせっきんおん）
舌先を上の歯茎あたりにつけて舌の両脇から息を出して音を出す。
[l] は有声音。

1. Words 58

[r]
receive [risíːv]
reception [risépʃən]
art [áːrt]
mirror [mírər]
urge [áːrdʒ]

[l]
loud [láud]
literature [lítərətʃər]
below [bilóu]
clap [klǽp]
follow [fálou]

2. Contrast 58

[r] – [l] Minimal Pairs

ramp – lamp   rubber – lubber   correct – collect
erect – elect   wrong – long   right – light

Lesson 15

3. Rhythm & Sound 🎵 58

The light switch is the right switch. (Tongue Twister)

Roses are red,

Violets are blue,

Sugar is sweet

And so are you. ("Roses are red" from *Mother Goose*)

4. Short Dialogs 🎵 59

Mrs. Green: **You love that blanket, don't you?**
Mike: **I do. It feels soft.**
Mrs. Green: **But put it down now.**
Mike: **I know. It's time to go to day-care.**

Mike: **Can I have ice cream now?**
Mrs. Green: **Oh, you finished. Then, of course, you can.**
Mike: **Chocolate sauce on it, please.**
Mrs. Green: **Just a little. Okay?**

5. Useful Words & Phrases

☐ Is there anything I can do for you?
☐ look for
☐ sweatshirt
☐ over there
☐ design
☐ Do you have this in red?
☐ small / medium / large / extra large

☐ try ~ on / try on ~
☐ How does it feel? / How do they feel?
☐ tight / snug / big
☐ small / large
☐ sleeve
☐ just a little / just a bit

65

6. Conversation 60

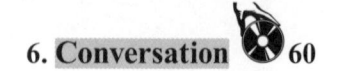

Shopping (1)

Clerk: Is there anything I can do for you today?
Takeshi: Uh, I'm looking for a sweatshirt.
Clerk: Our sweatshirts are right over there. Is it a present?
Takeshi: It's for myself.
Clerk: How about this one?
Takeshi: I like the design, but do you have this in red?
Clerk: What size?
Takeshi: I usually wear a medium.
Clerk: Here's a medium-sized, red one. Would you like to try it on?
Takeshi: Sure.

After Takeshi puts on the sweatshirt

Clerk: How does it feel? A little tight, huh?
Takeshi: Yeah, and the sleeves are short. Just a bit, though. Do you have a larger size?

ここでも店員は接客したいと思って話しかけてくる

ファースト・フード店と同様、店員に話しかけられたら返事をしよう。応対してほしくなければ "I'm just looking."「見ているだけです」と言えばいいし、応対してもらう必要があれば、Conversation のように "I'm looking for ~" とさがしている物を具体的に言ったり、人気商品や最新の商品が見たければ "Could (Can) you show me some of your popular (latest) items?" などと言って見せてもらおう。

「トレーナー」は "sweatshirt"

上下揃っているものは "sweat suit" である。外来語であるカタカナ言葉は、英語が語源でないものがあったり、「トレーナー」のように英語から来たと思われるものでも、そのまま英単語に相当しないものがあるので注意が必要である。ちなみに "trainer" だと、スポーツコーチや、トレーニングに使用している器具を意味する。

学内で書籍や文房具を売る店は "campus store" と呼ばれ、一般の書籍や文房具ばかりでなく、大学の絵葉書やロゴ入り商品も販売している。ロゴ入り商品には鉛筆やノートなどの文房具からTシャツ、トレーナーなどの衣類まで色々なものがある。

試着して……

「試着する」は "try ~ on / try on ~" を使う。ズボン、スカート類を試着して、ウェストがきつかったら "It's snug (tight) around the waist."「ウェスト周りがキツイです。」と言って "Do you have this in a larger size?"「もう少し大きいサイズありますか」と尋ねるとよい。逆に「ゆるい」ときは "big" で、「もっと小さいサイズ」は "a smaller size" と言う。

気持ちを伝える「ノイズ」

文の後につける "..., huh /hʌ́/?" は、付加疑問文的に「……ですね」と確認したい気持ちを表す音で、アメリカ英語の口語で使う。また、「……ですって」と聞いたことを確認するときにも使い、"You are quitting, huh?"「やめるんだって？」と第三者から聞いたうわさ話を本人に確かめるときにも使う。

相手の言うことが聞き取れなかったとき、とっさに "Huh?"「えっ」と聞き返すことがある。そういった場面で無意識に出てくる音であることも覚えておこう。

7. Intonation & Stress 🎧 61

Is it a présent?

I líke the desígn, but do you háve this in réd?

A little tíght, húh?

- Is it a = /izitə/
- but do you = /bə(t) dəju/
- コンマの前で降昇調→後にセリフが続く
- コンマで一息ついたあと、/hʌ́/ と上げる

---

8. Exercises　次の 状況 のセリフを英語で表現してみよう。

□① パンツを試着している女性客に店員が　いかがでしょうか？

□② ウェストがダブダブです。もっと小さいサイズはありませんか？

Lesson 16

日本語の母音が5音「あ」「い」「う」「え」「お」に対し、英語の母音は [iː] [i] [ɛ] [æ] [ʌ] [ɑ] [ɔ] [u] [uː] と schwa（あいまい母音）と呼ばれる [ə] がある。あと、二重母音の [ai] [au] [ei] [ɔi] [ou]、半母音の [j] [w] それに、その二重母音の [ju] がある。

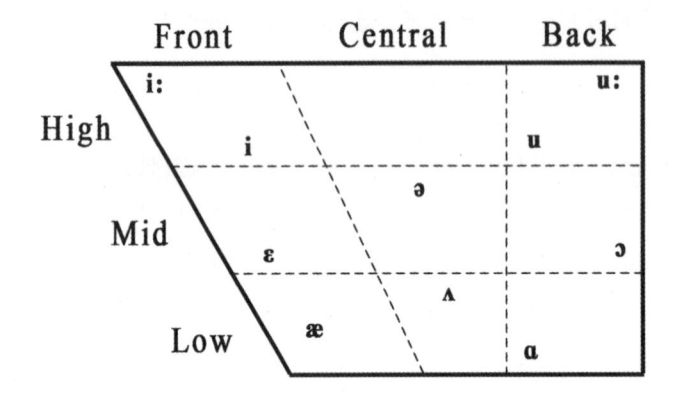

短母音と長母音：上の図からもわかるように、母音は舌の位置と高さ、口の開け具合により音の違いが決まり、息が口の中を通って充分に流れるという特徴がある。

　左一番上に位置する [iː] は口を十二分に横に開き、舌の前の部分を高くして発音する。そこから図にそって下に進むと口の開き方が徐々に緩んでいき、舌の前の部分の高さも徐々に下へと落ち着いて、[ɑ] で口が一番大きく開き、舌の位置は一番下でリラックスさせた位置になる。右下の方に位置する [ɔ] から上に沿って徐々に口がすぼみ、舌は後ろの部分が徐々に盛り上がるようになる。

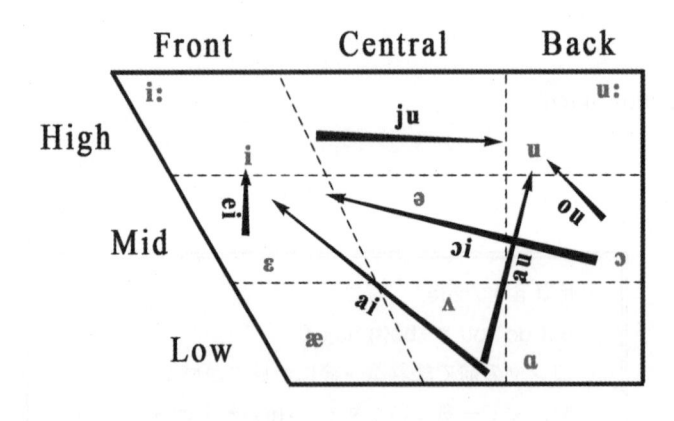

二重母音 [ai] [au] [ei] [ɔi] [ou]：最初の音から始まって、次の音へ移行する母音で、二つの母音の組み合わせである。ただし、最初の音の方を次の音より強くはっきりと発音する。

半母音 [j] [w]：母音の性質を持ちながら、音節はつくらない音のことで、必ず母音の前で発音され、隣接する母音へと移行する。

Lesson 16

3. Vowel Sounds 🔊 62

/i:/ - /i/ - /ei/ - /ɛ/ - /æ/ - /ɑ/ - /ɔ/ - /ou/ - /u/ - /u:/ - /ə/

4. Short Dialogs 🔊 63

Mr. Green: **Ready?**
Mike: **Yeah, I'm ready.**
Mr. Green: **Make sure you've got everything.**
Mike: **I already checked.**

Mrs. Green: **Ready?**
Mike: **No, not yet.**
Mrs. Green: **Okay, take your time.**

Mrs. Green: **Not yet?**
Mike: **Well, actually I don't want to go.**

5. Useful Words & Phrases

☐ This way, please.
☐ Are you ready to order?
☐ some water / some tea / some coffee
☐ come with

☐ What kind of dressing would you like?
☐ superb / delicious / good / so-so / awful
☐ I'm full. / I'm stuffed.
☐ tip

6. Conversation 64

At a Restaurant

Waiter:	How many?
Takeshi:	Two.
Waiter:	This way, please. *(After seating them)* Here's the menu.

A little later

Waiter:	Are you ready to order?
Takeshi:	Yes. I'd like a roast beef sandwich and some mineral water.
Waiter:	Your sandwich comes with a tossed green salad. What kind of dressing would you like?
Takeshi:	I'll have French.
Waiter:	And you, ma'am?
Susan:	I'd like a crabmeat sandwich.
Waiter:	Would you like something to drink?
Susan:	Yes, I'll have iced tea with lemon.

After the meal

Takeshi:	It was delicious. How was your crabmeat sandwich?
Susan:	Good. I'm full.
Takeshi:	Uh, do you know how much we should leave for a tip?
Susan:	About 15% of the total.

ウェイターのセリフはファースト・フード店員より長めで丁寧

　レストランによってはウェイターが愛想良く自己紹介することや、料理や飲み物の説明をしてくれることがある。よいサービスを提供して、チップを稼ぐというのがウェイター、ウェイトレスの基本的精神だからである。気軽に尋ねたり、頼んだりしてみよう。

レストランでは、飲み物は数えられない！

　ファースト・フード店と違い、レストランでは基本的に飲み物は数えられない名詞になる。レストランによって異なるが、コーヒーや紅茶などは、ポットで運ばれてきたり、カップで運ばれてきてもお代わり自由だったりすることが多い。カップやグラスごとに料金が異なるなら "a cup (glass) of ~" と頼めばいいし、料金体系がよく分からない場合は "some water / some tea / some coffee" と頼めば持ってきてくれる。

水、コーヒー、紅茶類は値段を心配することもないが、アルコール類は値段の高いものもあるし、注文の仕方も飲み物によって様々である。アルコール類は、州法による年齢制限があるので、注文すると年齢の分かる身分証の提示を求められることが多い。

チップはウェイターの大切な収入源

通常、アメリカでは料理にかかった合計額の約15％をチップとしてテーブルに置いておく。サービスが気に入ったときは少し多めに、金額的に区切りのいいところで……など考慮してチップの額を決めるとよい。たいていは現金をテーブルの上に置くが、クレジットカードで支払う場合は、チップもカードで支払う方法がある。支払い時には"sales tax"と呼ばれる「売上税」がさらに追加されることも覚えておこう。

7. Intonation & Stress 65

What kínd of dréssing would you líke?

I'll háve Frénch.

Hów was your crábmeat sandwich?

- What kind of dressing would you like? =
  /hwʌ(k) káində(v) drésiŋ wədʒu láik/

- have French = /hǽ(f) fréntʃ/

- /z/ で終わる語＋半母音 /j/ で始まる語
  →音が変化してリンクしやすい
  was your = /wəʒər/

---

8. Exercises 次の 状況 のセリフを英語で表現してみよう。

- ① 客がウェイターに 食後にコーヒー頂けますか。
- ② かしこまりました。レギュラー・コーヒーと小さいカップのエスプレッソがございますが、どちらになさいますか。

Lesson 17

[j] – [w] – [*h*w]

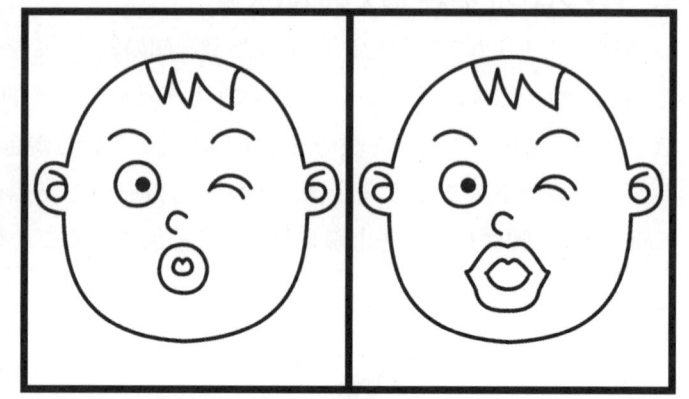

[j]
舌先を下の歯茎のところに置き、舌の中ほどを盛り上げて上あごに近づけ「ヤ」と「ユ」の中間音を出す。

[w]
唇に力を入れて突き出して丸め、ワ行の「ウ」を発するつもりで、丸めた唇を開く。

[*h*w]
[h] と [w] の組み合わせ音。[h] が発音されないこともあるのでイタリックにしてある。

1. Words 🎧 66

[j]	[w]	[*h*w]
yellow [jélou]	weekday [wí:kdèi]	while [*h*wáil]
you [jú:]	woman [wúmən]	whistle [*h*wísl]
beyond [bijánd]	quickly [kwíkli]	somewhat [sʌ́m*h*wàt]
yet [jét]	sweet [swí:t]	when [*h*wén]
familiar [fəmíljər]	wood [wúd]	why [*h*wái]

Lesson 17

2. Contrast 🎵 66

[j] – [∅] Minimal Pairs

yowl – owl	yearn – earn	yolk – oak
yen – n	yeast – east	cue – coo

[w] – [∅] Minimal Pairs

wake – ache	woe – oh	square – scare
quartz – courts	way – a	

[*h*w] – [w] Minimal Pairs

whit – wit	whether – weather	whiz – wiz
whet – wet	which – witch	when - wen

3. Rhythm & Sound 🎵 66

How much wood would a woodchuck chuck if a woodchuck could chuck wood?
A woodchuck would chuck all the wood that he could if a woodchuck could chuck wood.
A woodchuck would chuck all the wood he could if a woodchuck could chuck wood.
(Tongue Twister)

4. Short Dialogs 🎵 67

Mrs. Green:	**Mike, can you share the candy with us?**
Mike:	**Okay. I'll give you one, Mom.**
Mrs. Green:	**Thank you.**
Mike:	**And one to Dad.**
Mr. Green:	**Thanks.**

Mrs. Green: **Can I have one more?**
Mike: **Okay. Here.**
Mrs. Green: **That was nice of you, Mike. Thank you.**

5. Useful Words & Phrases

- ☐ get to (the place) / get there
- ☐ the Smiths
- ☐ yard sale / garage sale
- ☐ （命令文） ~, and …. / If you ~, you'll….
- ☐ go straight
- ☐ block
- ☐ turn right / turn left
- ☐ keep on ~ing
- ☐ street sign
- ☐ No problem. / My pleasure.
- ☐ I'm lost.
- ☐ What you have to do is …
- ☐ It was kind of you to …

6. Conversations 68

Asking for Directions

Takeshi is holding a map.

Takeshi: **Excuse me, sir.**
Man: **Yes?**
Takeshi: **I'm trying to get to the Smiths' yard sale.**
(Pointing at the map) **Could you tell me how I can get to this place?**
Man: **Let me see…. You are here on Oak Street.**
Takeshi: **Yes?**
Man: **Go straight along the street for two blocks and turn left at the corner of Third Avenue. Keep on going, and you'll see the street sign for Maple Lane on your right.**
Takeshi: **Got it! I'll look for the sign. Thanks.**
Man: **No problem.**

Lesson 17

More Conversation in Asking for Directions

Takeshi opens his car window and calls out.

Takeshi:	**Excuse me.**
Man:	**Yes? May I help you?**
Takeshi:	**Yes. I think I'm lost. Can you tell me how to get to Old Town?**
Man:	**Okay. What you have to do is go back to the freeway and drive north.**
Takeshi:	**I was going that way and took the exit over there.**
Man:	**Then you were headed in the right direction. Just go further north about ten miles, and you'll see the sign for Old Town. The exit number was … 21.**
Takeshi:	**Uh, can you tell me how to get back on the freeway?**
Man:	**Oh, if you go back that way and turn right onto 5th Avenue, you'll see the sign to get on the I-101.**
Takeshi:	**I got it. It was kind of you to help me. Thanks.**
Man:	**My pleasure.**

「ヤード・セール」「ガレージ・セール」

　主に週末に自宅の庭先で、服、食器、CD、本、家具、電化製品など、未使用、使いかけ、壊れたものまで、とにかく不用なものなら何でも売る。芝生の上に寝転がるのが気持ちいいと感じられる季節に開催されることが多い。客を引き寄せられるように隣近所と同時開催したりもする。手作りのポスターや看板をあちらこちらに出したり、最近ではインターネットに広告を出したりするヤード・セールもある。

小さな道にも名前がついている

　アメリカでは、たいていの街の通りが縦横に交わっていて縦横のどちらかの通りが"~ Avenue"だとすれば、他方は"~ Street"と呼ばれることが多い。しかも"First Avenue (or Street)"というように通りの数だけ序数で名づけられていることも多い。その場合、序数の通りと交わる方向の通りにはそれぞれ固有の名前がついている。"~ Lane" "~ Road"というのは街はずれの小さな道につけられていることが多い。

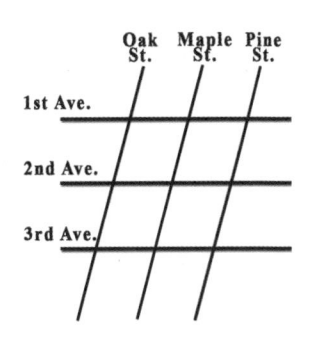

"Yes?"

　疑問形の"Yes?"は上昇調イントネーションで、疑問文に応答する返事の"Yes."「はい」とは別物である。**Conversation**の中の"Excuse me, sir."「すみません、ちょっとお尋ね

したいんですが」に応答する "Yes?" は「はい、何でしょうか」に相当する。"You are here on Oak Street." に応答する "Yes?" は「はあ、それで」と言いながら相手に話の先を促す働きをする。

Conversation 中にはないが、「え、そうですかねぇ」と相手の言ったことに疑いを示すような "Yes?" もある。Ex. "He is smart." "Yes?"

" 命令文 , and..."

「～すれば、……」という構文のとき "and /ænd/" は、強くはっきり発音する。英語の命令文は必ずしも相手に命令する意図を持っていないので、命令口調には聞こえないということをここでも再確認しておこう。

「……だったっけ」

Conversation の中の "The exit number was ... 21." という文は、「出口は確か……21番だったっけ」と思い出そうとして過去形になっている。このように思い出しながら言うときには過去形を使う。また、動詞が be 動詞でない場合は、過去の付加疑問文にすればよい。Ex. Ah yes, you did it too, didn't you?「あ、君もした……んだったっけ」

7. Intonation & Stress 69

Excúse me.

Yés? May I hélp you?

Can you téll me how I can gét to this pláce?

- 「すみません」"Excuse me." は下降調

- 応答の「はい、何でしょうか」"Yes?" は上昇調

- help you = /hélpju/

- Can you = /kənju/

- get to = /gɛ́(t)tə/

8. Exercises 次の 状況 のセリフを英語で表現してみよう。

☐ ① ホストファミリーに この雨の中、大学図書館からスージーが車で送ってくれたんだ。

☐ ② 親切だね。

Lesson 18

[iː] – [i]

[iː] 唇を横一杯にひっぱり、「イー」と強く長く発音する。

[i] 日本語の「イ」より少し「エ」に近いような「イ」と「エ」の中間音を出す。

1. Words 🎧 70

[iː]
heat [híːt]
appeal [əpíːl]
seal [síːl]
sightseeing [sáitsìːiŋ]
believe [bəlíːv]

[i]
reflect [riflékt]
civilize [sívəlàiz]
indeed [indíːd]
important [impɔ́ːrtənt]
essential [isénʃəl]

2. Contrast 🎧 70

[iː] – [i] Minimal Pairs

heat – hit   leave – live (v.)   eat – it
feet – fit   leap – lip   keel – kill

3. Rhythm & Sound 🎧 70

Freedom, high-day! High-day, freedom! Freedom, high-day, freedom!
　　　　　　　　　(From *The Tempest* by William Shakespeare)

Six sticky sucker sticks. (Tongue Twister)

4. Short Dialogs 🎧 71

Mike:　　　　I want that kind.
Mrs. Green:　Un-unh. It's too fancy for you.
Mike:　　　　Oh, well. Got it.

Mike:　　　　Can I have this color?
Mr. Green:　 The same as Lucy's?
Mike:　　　　Well, I want a different one.
Mrs. Green:　How about yellow?
Mike:　　　　I don't like yellow.
Mr. Green:　 Then what color would you like?
Mike:　　　　I love green!
Mr. Green:　 Oh, you do. I didn't know that.

5. Useful Words & Phrases

- ☐ Hello, there. / Hi, there.
- ☐ be interested in ~
- ☐ PDA
- ☐ Palm handheld
- ☐ What if …?

- ☐ MB = megabyte
- ☐ flash memory
- ☐ Can you give me a better price? / I'd like a better price.
- ☐ It's a deal.

6. Conversation 72

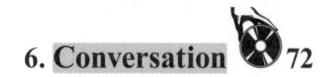

Shopping (2)

At the Smiths' yard sale

Mr. Smith: Hello there. We have a lot of good things here.
Takeshi: Uh, I'm interested in PDAs. Do you have any?
Mr. Smith: What about this Palm handheld? Only 15 dollars.
Takeshi: Fifty!
Mr. Smith: Un-unh. I said fifteen.
Takeshi: Oh, 15 dollars. But it's still too expensive for a student like me.
Mr. Smith: What if I add an eight megabyte flash memory?
Takeshi: Can you give me a better price?
Mr. Smith: Well okay, 12 dollars still including the memory.
Takeshi: All right. It's a deal.

知らない人に呼びかけるとき

"Hello there." "Hi there." は「やあ、こんにちは」くらいの意味を持ち、知らない人への親しみを込めたあいさつである。名前が分かっていれば名前を呼ぶが、分からないときは名前の代わりに "there" と呼びかけるのである。

買いたいと思っているとき

"I'm interested in PDAs." は「電子手帳を買いたいと思っているんですが」という意味だと考えてよい。ショッピングの際 "be interested in" は単に興味があるだけではなく、具体的に買いたいものがあって検討中のときに使う。

気持ちを伝える「ノイズ」

"Un-unh. /ʌ̃ʔʌ̃/" と鼻にかけて発音すると「いやいや、そうじゃなくて」と否定の気持ちを表すことになる。

値切るとき

ヤードセールでは値切ってみよう。その際 "Can you give me a better price?"「もっと値段を安くしてもらえませんか」と頼むとよい。相手が "This is my best price." と言ったら「これが精一杯の値段」ということである。

なお、ビジネスでの価格交渉の場合には、もう少し丁寧な表現を使う。「わが社は」という場合は "we"、「御社は」という場合は "you" を使い、"Could you give us a better price? / We'd like a better price." と価格交渉を行う。最終段階で "This is the best price we can offer. You can take it or leave it." 「この価格でご承諾いただけないようでしたら、お引き取りください」と相手が言うかもしれない。

電子手帳について

"PDA" は電子手帳のことで、日本でもビジネスマンを中心に多くの人が持ち歩いている。その中で Palm 社のものを "Palm handheld" と呼び、メモリーカードとしてフラッシュ・メモリーや SD カードを入れるものがある。なお、Palm Ⓡ は Palm, Inc. の登録商標である。昨今、電子手帳は、次第に携帯電話との融合機になりつつある。

7. Intonation & Stress 🎧 73

We háve a lót of góod things here.

What íf I ádd an éight mégabyte flásh memory?

Can you gíve me a bétter príce?

- have a lot of good things
  = /hǽvə látə(v) gu(d) θíŋz/

- what if I = /hwətífai/

- add an eight megabyte flash
  = /ǽdənéit mɛ́gəbai(t) flǽʃ/

- Can you = /kənjə, kənju/

- give me = /gí(m) mi:/

8. Exercises　次の 状況 のセリフを英語で表現してみよう。

□① 母親が子どもに　カサを持たずに出かけるんじゃないでしょうね。雨が降ったらどうするの。

□② 分かったよ、ママ。カサ持ってくよ。

Lesson 19

[ei] – [ɛ] – [æ]

[ei]
「エイ」と軽く発音する。「エー」にならないよう「イ」の部分もしっかり注意して発音する。

[ɛ]
「エ」と軽く発音する。日本語の「エ」より舌を少しだけ低めにして発音する。

[æ]
口を思いっきり横に開き、日本語の「エ」を発音する口の形で「ア」を発音する。

1. Words 🎧 74

[ei]
face [féis]
brave [bréiv]
fail [féil]
illustrator [íləstrèitər]
holiday [hálidèi]

[ɛ]
evident [évədənt]
educate [édʒəkèit]
athletic [æθlétik]
pencil [pénsəl]
guest [gést]

[æ]
attitude [ǽtitjùːd]
adolescence [ædəlésəns]
map [mǽp]
imaginary [imǽdʒənɛri]
answer [ǽnsər]

2. Contrast 🎧 74

[ei] – [ɛ] Minimal Pairs

| aim – m | age – edge | gate – get |
| main – men | taste – test | saint – sent |

[ɛ] – [æ] Minimal Pairs

| bed – bad | pen – pan | met – mat |
| Kent – can't | send – sand | bet – bat |

[ei] – [ɛ] – [æ] Minimal Pairs

| hail – hell – Hal | mate – met – mat | rain – wren – ran |
| bate – bet – bat | laced – lest – last | pain – pen – pan |

3. Rhythm & Sound 🎧 74

Tinker, Tailor,
Soldier, Sailor,
Rich man, Poor man,
Beggar man,
Thief! ("Tinker, Tailor" from *Mother Goose*)

4. Short Dialogs 🎧 75

Mr. Green: **That looks difficult.**
Mike: **I know. I'm just trying.**

Mrs. Green: **That feels good, huh?**
Lucy: **Yeah, it does.**

Mike: Aha!
Mrs. Green: Ow, that hurts. Mike, cut it out.

5. Useful Words & Phrases

☐ run into ~
☐ I was going to ask you if …
☐ This is my first ~.
☐ whole
☐ stuffing
☐ stuff ~ with …
☐ bake

☐ oven
☐ (That) sounds ~.
☐ Makes my mouth water.
☐ cranberry sauce
☐ taste
☐ I'd love to. / I'd like to.
☐ I'm looking forward to it. / I can't wait.

6. Conversation 76

Accepting an Invitation to Dinner (2)

Lisa: I'm glad I ran into you here. I was going to ask you if you can come to our Thanksgiving dinner.
Takeshi: This is my first Thanksgiving here. You eat turkey, right?
Lisa: Yes. We cook a whole turkey with stuffing in it.
Takeshi: Stuffing?
Lisa: Yeah. We stuff a turkey with rice, onion, celery and other vegetables, and bake it in the oven.
Takeshi: Mmm, sounds delicious. Makes my mouth water.
Lisa: And we also have cranberry sauce.
Takeshi: Cranberry sauce? I've never tasted it before.
Lisa: You will soon. So would you like to come?
Takeshi: Yes, I'd love to. I'm looking forward to it.

誘うとき、誘われるとき

　Conversation 中のように "I was going to ask you..."「お誘いしようと思っていたんだけど」とか「お誘いしようかと思ってみたりしたんだけど」と過去形で言うと婉曲的な丁寧表現になる。相手にこちらの考えを押しつけることなく、断りたければ断っても構わないという含みを持たせた言い方なので、結果として丁寧な誘い方になる。**Conversation** の続き "...if you can come to our Thanksgiving dinner?" を見れば分かるように、口語で使われることの多いこの構文では「時制の一致」の原則が破られることが多い。

　誘いを受けて承諾するときの返事は "I'd love to. / I'd like to."「喜んで」であるが、その後に "I'm looking forward to it. / I can't wait."「（待ちきれないほど）楽しみ」とつけ加えると気持ちがこもる。また、断るときは "Well, ..." で始めて理由を述べるとよい。

感謝祭の料理

　カナダでは 10 月の最初の週末から第 2 月曜にかけて、アメリカでは 11 月の第 4 木曜日から週末にかけて学校や会社が休みになり、感謝祭を祝う。感謝祭の料理は "turkey dinner" と呼ばれ、もともとネイティブ・アメリカンの人々が食料としていた七面鳥やクランベリーの実を入植者が自国流に料理したもので、食文化融合の象徴である。丸焼きにする七面鳥の中の詰めものは "stuffing" または "dressing" と呼ばれ、その材料は地方や家庭によって異なる。ソースは肉汁を使った "gravy (sauce)" と "cranberry sauce" の両方を用意する家庭が多い。つけ合わせは "mashed potatoes" "baked potatoes" "yam" "beans" などで、デザートには "apple pie" "pumpkin pie" などが用意される。休暇初日のディナー用にかなりの量を調理し、休暇中それらを何度も食べるところは、日本のおせち料理と同じである。

"And..." で始まる文

　Conversation の中の接続詞 "And /ənd/" は「そして」とか「それからねぇ」という意味で、その後に文が続く。書き言葉では等位接続詞 "And ..." "But ..." "Or ..." "So ..." "For ..." で始まる文は悪文とされ、英作文などでは訂正される。しかし、口語では "For ..." 以外の等位接続詞 "And ..." "But ..." "Or ..." "So ..." で始まる文は意外に多い。

「〜そう！」

　Conversation では、料理の話を聞いた人が「おいしそう！」"(That) sounds delicious." と言っている。このように人の話を聞いて「〜そう」と思ったときには "(That) 知覚動詞 + 形容詞" の構文に "sound" という動詞を入れて使うが、この表現は "Sounds good."「なかなかよさそう」と相手の考えに支持を示す表現として **Lesson 19** に既出である。

主語を省略せずに入れる場合は "It" ではなく、直前の状況を指す "That" の方が自然に聞こえる。"it" が "this" "that" などの代名詞を受けることができるからといって、オールマイティだと考えるのは誤りで、直前の状況や言葉を指すのは通常 "that" である。

"知覚動詞＋形容詞" の例を他にあげると、食べ物のにおいがして美味しそうだなと感じたら "(That) smells delicious!"、実際においしそうな料理を目の前にして "(That) looks delicious!"。

7. Intonation & Stress 🎧 77

I was going to ask you if you can cóme to our Thanksgíving dinner.

Stúffing?

Cránberry sauce?

- going to ask you = /gənə æskju/

- if you can come = /ifju kəŋ kʌm/

- 上昇調は、トーンを徐々に上げていく

8. Exercises　次の状況のセリフを英語で表現してみよう。

① 旅行者がホテルの人に
初めてのオーストラリア旅行なんです。
ワインが試飲できる、いいところを教えてもらえませんか？

② ホワイト・ロッキー・ファームはいかがでしょうか。この辺りでは一番歴史がありますから。

Lesson 20

[ɑ:] – [ɑ] – [ɔ:]

[ɑ:]
口を大きく開き、喉の奥の方から「アー」と長く発音する。

[ɑ]
口を大きく開き、喉の奥の方から「ア」と短く発音する。

[ɔ:]
日本語の「オー」と「アー」の中間音を出すつもりで発音する。

1. Words 78

[ɑ:]
calm [kɑ́:m]
hardship [hɑ́:rdʃip]
father [fɑ́:ðər]
cartoonist [kɑ:rtú:nəst]
guard [gɑ́:rd]

[ɑ]
conduct [kɑ́ndʌkt]
prospect [prɑ́spekt]
swamp [swɑ́mp]
plot [plɑ́t]
psychology [saikɑ́lədʒi]

[ɔ:]
all [ɔ́:l]
author [ɔ́:θər]
organize [ɔ́:rgənàiz]
cord [kɔ́:rd]
cloth [klɔ́:θ]

2. Contrast 78

[ɑ] – [æ] Minimal Pairs

stomp – stamp
mop – map

cop – cap
gob – gab

lock – lack
fond – fanned

3. Rhythm & Sound 🎵 78

Father and Mother and Uncle John

Went to market one by one.

      Father fell off – !

      Mother fell off – !

But Uncle John went on, and on,

      And on, …… ("Father and Mother and Uncle John" from *Mother Goose*)

God of Abraham, God of Isaac, God of Jacob, not of the philosophers and the learned.

      (From "*Memorial 1654*" by Blaise Pascal)

Warm hands, warm,

The men are gone to plow.

If you want to warm your hands,

Warm your hands now.   ("Warm hands, warm" from *Mother Goose*)

4. Short Dialogs 🎵 79

Mrs. Green: **Hi. What's up?**
Mike: **Not much.**
Lucy: **We're just petting her.**

Mike: **Mom! Can you help her?**
Mrs. Green: **What?**
Mike: **She can't take off the bag.**
Mrs. Green: **What's going on?**
Lucy: **We put the paper bag on her.**
Mrs. Green: **Oh, poor kitty!**

5. Useful Words & Phrases

☐ What's up?
☐ take a trip to ~
☐ (That) sounds fun.
☐ What do you think is the best way?

☐ by car /by bus / by train / by plane
☐ How long does it take …?
☐ I guess
☐ have (got) no choice but to ~

6. Conversation 🎧 80

Planning a Trip

Takeshi and his friend are talking. Jane is coming up to them.

Jane:	**What's up?**
Takeshi:	**We're talking about taking a trip to Los Angeles.**
Jane:	**Wow, sounds fun!**
Takeshi:	**Yeah, but we can't decide how to go. What do you think is the best way?**
Jane:	**Driving is the cheapest, I think, but you can also go by bus or plane.**
Takeshi:	**How long does it take by car?**
Jane:	**I'm not sure, but maybe a whole day or more.**
Takeshi:	**Mmm, we've only got three days.**
Jane:	**Then I guess you've got no choice but to go by plane.**

📜 「やあ」または「何があったんですか」

"What's up?" は、口語でよく使われる表現で、あいさつとして「やあ」とか「どう」と声をかけるのに使う。あいさつ以外では「何が起こったんですか」という意味でも "What's up (with you)?" と言う。"up" には「事が持ち上がっている」とか「事件が起こっている」といった意味合いがあることも覚えておこう。

📜 アメリカ国内の交通手段

アメリカといえば車社会。通勤、買い物、小旅行など、車を移動手段として使うことが多い。田舎町では公共交通機関がなく車以外に移動手段がないところも多い。

日本と比べてガソリンが安価で、幹線道路の大部分は "freeway" と呼ばれる無料の高速道路なので、車は、所有していれば便利で安い交通手段である。中には「トレーラーハウス」"trailer (house)" と呼ばれる家を車で引っ張り、夏は涼しい州に、冬は暖かい州にと、大移動して生活する人々もいる。そうした生活は定住するより安くつく場合が多い。

　旅客用には "Amtrak" と呼ばれる大都市間を結ぶ鉄道があるが、日本やヨーロッパに比べると鉄道の規模は小さく利用者数も少ない。アメリカの鉄道は、旅客より貨物部門において重要な役割を担っている。都市間を結ぶ高速バスは "Greyhound" と呼ばれる。国土の広いアメリカでは、移動時間を考えてバスや列車より飛行機を利用する人が多い。

　Conversation の中に出てくる "take a trip" という表現は観光旅行をする際に用い、出張する場合は "make a trip" を使うのが一般的である。交通手段を示す代表的前置詞 "by" が **Conversation** に何回か出てくるが、無冠詞で正しく使えるようにしておこう。さらに "by air"「空路で」"by land"「陸路で」"by sea"「海路で」といった表現も覚えておこう。また「徒歩で」というときには "on foot" と言い "by" は使わない。

「～と思う」

　Conversation の中の "What do you think is the best way?"「どれが一番いい方法だと思う？」あるいは "Who do you think he is?"「彼、誰だと思う？」のように疑問詞の後に "do you think" を挿入して相手の意見を尋ねる。

　根拠や確信のないとき「……と思うよ」という口語表現は、**Conversation** の中にあるように "I guess ..." で始めて後に文を続ける。"I think..." の後に文を続けるのは自分の意見や正当性を主張する場合で、たとえば "I think you are wrong."「間違っていると思います」というように使う。**Conversation** の中の "Driving is the cheapest, I think, ..." も「運転していくのが一番安いと思うけど……」と意見を述べたものである。「～と思う」に相当するそれぞれの英語表現の違いを確認しよう。

「……するより他にない」

　基本の構文は "have no choice but to 不定詞" である。同じ意味で "There's no other way but to 不定詞" も使える。Ex. We have no choice to lay off workers. = There's no other way but to lay off workers.「労働者を解雇するしかなかった。」

7. Intonation & Stress 81

How lóng does it táke by cár?

I gúess you've gó_t nó chóice bu_t to gó by pláne.

- 下降調のトーンの下げ方に注意
- does it take = /dəzi(t) téik/
- guess you've got no = /gέʃuv gá(t) nóu/
- but to go = /bə(t) təgóu/

8. Exercises 次の 状況 のセリフを英語で表現してみよう。

☐ ① 旅行者が ここからニューヨーク・シティまではどのぐらいの時間がかかるでしょうか。

☐ ② 飛行機では1時間もかかりませんが、車を運転して行くと5時間以上かかるかもしれません。

Lesson 21

[ɑ:r]– [ɔ:r]

[ɑ:r]
舌先を軽く後ろにそらせるか、舌全体を後ろに引いて舌の中ほどを盛り上げるかして、母音の [ɑ:] を発音する。

[ɔ:r]
舌先を軽く後ろにそらせるか、舌全体を後ろに引いて舌の中ほどを盛り上げるかして、母音の [ɔ:] を発音する。

1. Words 82

[ɑ:r]
artificial [ɑ̀:rtəfíʃəl]
part [pɑ́:rt]
farm [fɑ́:rm]
artery [ɑ́:rtəri]
guitar [gitɑ́:r]

[ɔ:r]
ordinary [ɔ́:rdənèri]
organize [ɔ́:rgənàiz]
foreign [fɔ́:rən]
portable [pɔ́:rtəbl]
story [stɔ́:ri]

2. Contrast 82

[ɑ:r] – [ɔ:r] Minimal Pairs

are – ore   park – pork   tart – tort
farmer – former   fart – fort   card – cord

3. Rhythm & Sound 🎵 82

Barber, barber, shave a pig!
How many hairs to make a wig?
Four and twenty, that's enough!
Give the barber a pinch of snuff. ("Barber, barber, shave a pig" from *Mother Goose*)

Morning and evening,
Maids heard the goblins cry;
"Come buy our orchard fruits,
Come buy, come buy:
Apples and quinces,
……………………"   (From "Goblin Market" l. 1-5 by Christina Georgina Rossetti)

4. Short Dialogs 🎵 83

Lucy:	**You know what?**
Mike:	**What?**
Lucy:	**Our Blackie likes to eat watermelons.**
Mike:	**No kidding.**
	Ours eats only canned food.

Lucy:	**Blackie can count from one to three.**
Mike:	**That can't be true.**
Lucy:	**Well, she can tell the difference between one, two and three.**
Mike:	**How do you know?**

5. Useful Words & Phrases

- ☐ I'm not feeling well.
- ☐ I'd better ~.
- ☐ see a doctor
- ☐ exhausted
- ☐ have a headache and a sore throat
- ☐ run a fever
- ☐ Oh dear.
- ☐ take one's temperature
- ☐ The thermometer reads ~ degrees.
- ☐ degrees Fahrenheit / degrees Celsius
- ☐ Anyway, …
- ☐ clinic
- ☐ I'd appreciate it.

Supplementary Words & Phrases

- ☐ How are you feeling today?
- ☐ lie down on one's stomach
- ☐ lie down on one's back / lie down face-up
- ☐ Are you sleeping well at night?
- ☐ How's your appetite? / Are you eating all right?
- ☐ How about coughing? / How about a chill?
- ☐ Have you been sneezing or coughing?
- ☐ Your ~ seems swollen. / Your ~ seems broken.
- ☐ Does it hurt when I press here?
- ☐ Do you have allergies to any medicines?
- ☐ Have you ever gotten a rash from antibiotics?
- ☐ I'll give you a shot.
- ☐ Take this powder. / Take these pills.

6. Conversation 84

Talking about Health Conditions

Takeshi:	I'm not feeling well. Maybe I'd better see a doctor.
Mrs. Green:	You look exhausted, Takeshi.
Takeshi:	I've got a headache and a sore throat. I may be running a fever as well.
Mrs. Green:	Oh dear. Let me take your temperature. I'll go get a thermometer.

After taking his temperature

Mrs. Green:	The thermometer reads 100 degrees.
Takeshi:	One hundred! That can't be.
Mrs. Green:	It's 100 degrees Fahrenheit. Anyway, I'll take you to our family doctor.
Takeshi:	Thanks. I'd appreciate it.

体温を「計る」

"thermometer"「体温計」や "blood pressure meter"「血圧計」のような計器を使って「計る」ときは "take" を使い、例文は **Useful Words & Phrases** や **Conversation** の中にある。また、看護師など他人に「計ってもらった」場合は "I had my temperature (or blood pressure) taken." と言う。

ついでながら "take" は病院で使われることの多い動詞である。たとえば医者が「のどを見てみましょう」は "Let me take a look at your throat."「レントゲンを撮りましょう」は "Let me take an X-ray." or "Let's take an X-ray."「これから採血をします」は "I'm going to take a blood sample now." さらに "Take this after meals."「これを食後に飲んでください」などと言いながら、医者が "prescription"「処方箋」を書いて、渡してくれる。

気持ちを伝える「ノイズ」

"Oh dear." は「あらあら」とか「おや、まあ」と少し驚きながらも同情を示すような状況で、女性が使うことが多い。

「〜して来よう」

自分から「〜しよう」と進んで何かの役を買って出るのは、良好な人間関係作りに必要なことである。そういう場面では "I'll ... " という表現をよく使う。また「〜して来る」に当たる表現は英語では "go + 動詞原形" である。**Conversation** の中でグリーン夫人が言った "I'll go get a thermometer."「体温計を取って来ましょう」のような表現になる。

"go + 動詞原形" のもとは "go and 動詞" あるいは "go to 動詞" と思われるが、現在では "and" や "to" を省くことが多い。たとえば "Let's go see the movie."「あの映画に行きましょう」と誰かを誘えるし、命令文で "Go tell her yourself." と言えば「自分で彼女のとこに行って話して来れば」と人にアドバイスできる。

計測単位

温度の計測単位は世界の多くの国々で日本と同じ摂氏（Celsius = ℃）を使うが、アメリカでは華氏（Fahrenheit = ℉）を使う。レシピにはケーキを350度（180℃くらい）で焼くと書いてあるし、天気予報では、南部の地域だと夏の暑い日に100度（38℃くらい）と表示され、"Fahrenheit" を省略することが多いので戸惑うことがある。

長さの計測単位もアメリカと日本では異なる。アメリカではインチ、フィート、ヤード、マイルが使用され、日本でも聞くことがあるが、車の免許を取得しようとして試験準備をする際に距離感がつかみにくいことがある。また、天気予報で "one foot of snow" と初めて聞くと、どの程度の雪か分からないなど、感覚的に慣れるまでに少々時間がか

かる。それに、"1 yard = 3 ft. = 36 in." "1 ft. = 12 in." と 10 進法でないところも初めのうちはなじみにくい。

文頭で話の方向性を示す表現

"Anyway, ..." は、それまでの話をまとめたり、余談などから本題に戻るときに使う。「とにかく」とか「それはそうと」などといった表現に相当する。

まずは掛かりつけの医者に

アメリカのたいていの家庭には "family doctor" と呼ばれる「掛かりつけの医者」がいて、頭痛、腹痛、風邪等の症状であれば、まず電話で予約してから、自分で医者のところに行き、診てもらうというのが一般的な順序である。アメリカで救急車を呼ぶと高額の料金を請求されるし、滞在地が田舎町であれば救急車がすぐ来ないことも多い。ごく軽い症状なら電話で掛かりつけの医者にアドバイスを受けるだけということもありうる。そのような掛かりつけの医者がいるのはたいてい "clinic" か "physician's office" で "hospital" は入院しなければならない重症を扱う病院や総合病院のことである。

7. Intonation & Stress 🎧 85

I'll gó gét a thermómeter.

Óne húndred! Thát cán't bé.

It's óne húndred degrées Fáhrenheit.
Ányway, I'll táke you to our fámily dóctor.

- go get a = /góu gétə/

- 驚きのため "be" にも強勢をおく

- 否定の助動詞 can't は強形 /kǽnt/
  That can't be. = /ðǽ(k) kǽm(p) bíː/
  (通常の肯定は、弱形 can =/kən/)
  /t/ の有無ではなく、母音の強さで
  否定か肯定かを区別する

- take you = /téikjə, téikju/

8. Exercises 次の 状況 のセリフを英語で表現してみよう。

☐① 友達に 最近、鼻と目がかゆくてくしゃみが止まらないんだよ。
☐② 本当？ 花粉アレルギーに違いないよ。今、花粉症の季節だからね。

Lesson 22

[ou] – [u] – [u:]

[ou]
唇を丸めて突き出し、「オ」と発音したあとすぐに唇をすぼめて「ウ」と発音する。「オー」にならないよう「ウ」の部分もしっかり発音する。

[u]
唇を突き出して丸め、喉の奥の方から「ウ」と発音する。

[u:]
唇を突き出して丸め、喉の奥の方から「ウー」と長く発音する。

1. Words 86

[ou]
oh [óu]
homesickness [hóumsìknəs]
bowl [bóul]
window [wíndou]
hotel [houtél]

[u]
foot [fút]
cook [kúk]
wood [wúd]
could [kúd]
woman [wúmən]

[u:]
rule [rú:l]
move [mú:v]
enthusiastic [inθjù:ziǽstik]
tool [tú:l]
brutal [brú:təl]

2. Contrast 🎧 86

[ou] – [ɔ:] Minimal Pairs

hole – hall	low – law	cole – call
cold – called	woke – walk	row – raw

[u] – [u:] Minimal Pairs

cook – kook	pull – pool	looker – lucre
wood – wooed	full – fool	nook – nuke

3. Rhythm & Sound 🎧 86

On top of old Smokey,
All covered with snow,
I lost my true lover
From courtin' too slow. ("On top of old Smokey" from *Mother Goose*)

Putting the shoe on the wrong foot. (From *Theaetetus* by Plato)

4. Short Dialogs 🎧 87

Mr. Green: **Shall we go to the ball game?**
Mike: **Wow! I've been wanting to.**

Lesson 22

Mike: **Can I wear my Giants' cap to the game?**
Mr. Green: **Of course. You should.**

Mike: **Can we take her to the game?**
Mrs. Green: **Of course not.**
Dad has no ticket for the kitty.
Mike: **That figures.**

5. Useful Words & Phrases

☐ make an appointment
☐ Hello.
☐ This is …
☐ Can I speak to ~? / May I speak with ~?
☐ Speaking. / This is she. / This is he.
☐ available
☐ Can / May I have your name?
☐ I see.

☐ concern
☐ come by
☐ That's what …
☐ Would ~ be all right?
☐ if it's okay with you
☐ if it's convenient for you
☐ (I'll) talk to you then.

6. Conversation 88

Making an Appointment on the Phone

Takeshi:	Hello. Is this the counseling room?
Counselor:	Yes, it is.
Takeshi:	Can I speak to Ms. Palmer?
Counselor:	This is she.
Takeshi:	Uh, … I need to make an appointment to talk about something.
Counselor:	Yes?
Takeshi:	Are you available?
Counselor:	Yes. But may I have your name first, please?
Takeshi:	Oh, excuse me. Takeshi Ito. I'm a student from Japan. I've been here about three months.
Counselor:	I see.
Takeshi:	Um, would it be all right to visit you?
Counselor:	Of course. You can tell me about your concerns, and we can talk here. When can you come by?
Takeshi:	That's what I was thinking. Would today be all right?
Counselor:	Of course.
Takeshi:	I'd like to get there about 11:00 if it's okay with you.
Counselor:	Fine. I'm looking forward to seeing you at 11:00.
Takeshi:	Talk to you then. Bye.

「予約する」とき

　医者やカウンセラーといった専門職の人の「予約をとる」や会社訪問などの「約束をする」に当たる表現は "make an appointment" で、最近は日本語でも「アポをとる」と使われる。ちなみに長い英単語が外来語として取り入れられる場合、短縮されて短いカタカナの語になる傾向がある。

　"Are you available?" は「お時間あるでしょうか」という意味合いでスケジュールなどを考慮しながら相手に会えるかどうかを尋ねるのによく使う表現で、日本人にとってストレートに聞こえるが、少しも失礼ではない。また「そちらがもしよろしければ」に当たる表現 "if it's okay with you / if it's convenient for you" もスケジュール調整の際によく使うので覚えておこう。

Lesson 22

📜 電話での決まり文句

事務所や会社にかける電話はふつう "Hello. Is this ~?"「もしもし、〜でしょうか」で始まり "Yes, it is." と返答されたら "This is ~." と名乗る。電話ではこちらも相手も "this" で指すのが基本で、たとえば "Who's this?"「どちら様でしょうか」という問いかけに "This is Mary White (speaking)."「メアリー・ホワイトです」という応答が成り立つ。ただし、親しい友人に電話をかけて名乗るとき "It's Mary."「メアリーだけど」と言うこともあれば "Mary." だけのこともある。携帯電話では、自分の名前が相手に表示されている前提で "It's me." とも言い、その例は **Lesson 10** の **Conversation** で既に学んだとおりである。

「〜さん、お願いします」と言うときは、ふつう "Can I speak to ~?" であるが "May I speak with ~?" と前置詞に "with" を使う人もいる。"to" は、方向性を示し "I want to talk to you now."「ちょっと話があるんだけど」と切り出して、親や先生が子どもに小言を言う場合などに使われる。それに対し "with" は対等性を示すので "May I speak with ~?" が適切と考えるのである。そこまで気遣って言葉を使うのは教養の高い人、知識人に多い。

「〜さん、お願いします」"Can I speak to ~?" と言われたとき本人がすでに電話に出ている場合は、ふつう "Speaking." と言う。たまに "This is he / she." を使う人がいるが、この表現も教養の高い人、あるいは比較的年配の人が使う印象がある。

📜 はっきりとは言いたくないとき

飲み物の内容を具体的に述べることなく他人に勧める "Something to drink?" という表現についてはすでに説明したが、"something" を使うと内容をいちいち説明せずに用件をすませることができ、便利である。**Conversation** 中の "... to talk about something." は、状況から「何か相談しに」という意味であり、電話では相談の内容を説明する必要がないので、はっきり言わずにすませているのである。

他に "something and other"「何やかや」とか "something of the sort"「何か同じようなもの」も、はっきり言わずにすむ表現である。

📜 名前を尋ねるとき

Conversation のような場面で "What's your name?"「何て名前？」と失礼な尋ね方をしないように注意しよう。大人どうしが日常「お名前いただけますか」という場合は "Can / May I have your name (, please)?" と言う。大人が迷子のこどもに、上昇調のイントネーションで "What's your name?"「お名前は？」と尋ねても大丈夫だが、この表現は通常、下降調のイントネーションで取調べの際に警察官などが使う威圧的表現である。

「なるほど」と分かったとき

Short Dialogs 中の "That figures."「なるほど」という表現は、アメリカでは口語でよく使う。"figure" は「道理にかなっている」という意味なので、相手の説明を合理的だと理解したときに使う。

"see" には「理解する」という意味合いがあるので、経緯などを説明されて理解できたときに "I see. /ái síː, ái siː/（前後、同程度の強勢か、または前の方に強勢をおく）"「なるほど」を口語ではよく使う。他に "I see your point."「おっしゃりたいところがよく分かりました」という表現もある。

ついでながら "(You) see? /(ju) síː/（後の see に強勢）"「分かった？」は、目下の者に念を押すときの表現である。"You see? /jú sí/（前後、同程度の強勢）" と強勢を変えることで、より調子の強い怒ったような口調になる。

7. Intonation & Stress 🎧 89

Can I spéak to Ms. Pálmer?

I needto make an appóintment to tálk about something.

Yés. But can I háve your náme first, pléase?

- 一語のように need to = /níːtə/
- make an appointment to
  = /méikənəpóin(t)mən(t) tə, méikənəpóinʔmən(t) tə/
- But can I have your
  = /bə(k) kənai hǽvjər/
- 下降調のトーンの下げ方、上昇調のトーンの上げ方に、それぞれ注意

8. Exercises 次の 状況 のセリフを英語で表現してみよう。

☐① 歯医者に電話して
  来週、ジョーンズ先生の予約を取りたいんですが、何曜日が空いていますか。
☐② 月曜の午前中、水曜の午後、木曜日は一日中空いていますが。

Lesson 23

[ai] – [au] – [ɔi]

[ai]
口を大きく開き「ア」を発音したあと、唇を横に広げて「イ」と発音する。その時「ア」を少しだけのばして強く「アーィ」と発音する。

[au]
口を大きく開き「ア」を発音したあと、唇を突き出して丸め、喉の奥の方から「ウ」と発音する。その時「ア」を少しだけのばして強く「アーゥ」と発音する。

[ɔi]
口を縦に大きく開けて「オ」と発音したあと、唇を横に広げて「イ」と発音する。

1. Words 90

[ai]
I [ái]
ice [áis]
identify [aidéntəfài]
style [stáil]
height [háit]

[au]
house [háus]
without [wiðáut]
allow [əláu]
sound [sáund]
how [háu]

[ɔi]
boy [bɔ́i]
coin [kɔ́in]
oil [ɔ́il]
voice [vɔ́is]
noise [nɔ́iz]

2. Contrast 🎧 90

[ai] – [au] – [ɔi] Minimal Pairs

sigh – sow (n.) – soy	isle – owl – oil
tie – Tao – toy	file – fowl – foil

[ai] – [au] Minimal Pairs

hi – how	trial – trowel

[ai] – [ɔi] Minimal Pair

vice – voice

[au] – [ɔi] Minimal Pair

bough – boy

3. Rhythm & Sound 🎧 91

I scream,

You scream

We all scream

For ice cream! ("Ice cream, a penny a lump" from *Mother Goose*)

Mother Goose had a house,

'Twas built in a wood,

Where an owl at the door

For sentinel stood. ("Mother Goose had a house" from *Mother Goose*)

One for sorrow,

Two for joy,

Three for a girl,

Four for a boy,

Five for silver,

Six for gold,

Seven for a secret

Never to be told. ("One for sorrow" from *Mother Goose*)

Lesson 23

4. Short Dialogs 🎧 91

Mike: **Hi, how are you, Lucy?**
Lucy: **Good. And you, Mike?**
Mike: **Good. Thanks.**

Lucy: **See you later, alligator.**
Mike: **After a while, crocodile.**

5. Useful Words & Phrases

☐ Is ~ there?
☐ How are you? / How're you doing?
☐ Good. / Great.
☐ I might …
☐ take
☐ ball game
☐ extra

☐ You want to come?
☐ the Giants / the Dodgers
☐ (It) sounds like …
☐ parking lot
☐ a quarter to ~ / a quarter past ~
☐ entrance
☐ (I'll) see you there.

6. Conversation 92

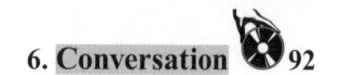

Calling a Friend

Takeshi: This is Takeshi. Is Bill there?
Bill: Speaking. Hi, how you doing?
Takeshi: Good. And you?
Bill: Great. Thanks.
Takeshi: What are you going to do today?
Bill: I might go shopping later, but I haven't decided yet.
Takeshi: Tom is taking his son, Mike and me out to the ball game this afternoon. He's got an extra ticket. You want to come with us?
Bill: Wow! The Giants vs. the Dodgers!
Takeshi: Sounds like you've already decided.
Bill: Yeah. I don't want to miss it. What time?
Takeshi: The game starts at 3:00. We'll be arriving at the east parking lot around a quarter to three.
Bill: Then we can meet at the parking entrance. Oh, I can't wait.
Takeshi: Okay, I'll see you there.
Bill: See you. Bye.

電話での決まり文句

友人や家族など親しい人に電話するとき "Is ~ there?"「～さん、いる？」と尋ねる。Lesson22 の "Can I speak to ~?" "May I speak with ~?" と同じ意味であるが、電話する相手との親しさの度合いが違う。

「……かもしれない」

未来における不確実な可能性を示したいときは助動詞 "might" を使う。確実性が高い "will" と区別しよう。たとえば天気予報で雨の確率がかなり高い場合は "It will rain."「雨が降るでしょう」と言う。確率は低いが降らないと言い切れない場合は "It might rain."「雨の降るおそれがあるでしょう。」

また、自ら空を見上げて「雨、降らなきゃいいなぁ」は "I hope it doesn't rain." である。その場合、なんとなく「あやしいなぁ」と思うような場合は、やはり "It might rain." と言うかもしれない。

Lesson 23

📝 「〜みたいだね！」「〜そうだね！」

　同じような意味の "(That) 知覚動詞 + 形容詞" の構文を **Lesson 19** で紹介したが、ここでは "Sounds like you've already decided?"「もう決めちゃったみたいだね」に見られるような "Sounds like + 文" を紹介する。こういった文は、後に that 節が省略されているので仮主語 "It" が主語であるが、この構文を使って話すとき、"It" を省略することが多い。もし何かを見て言う場合は "Looks like + 文" を使う。同じような意味で "(It) seems (that) + 文" の構文もある。

📝 友人を誘うとき

　親しい人を誘うときの表現として "You want to come (with us)?"「いっしょに行こうよ」を覚えておこう。行くことに肯定的な気持ちを相手にそのまま伝えるもので、肯定文の形のまま、末尾のイントネーションを上げ調子にして疑問文にしている。**Lesson 1** の **More Conversation** にある "You have juice?" と同じ原理の肯定文の形をした疑問文である。このようなストレートな誘い方は、親しい人以外に対して使うと失礼な感じになってしまうので、使う相手に注意しよう。友達の間柄でも、婉曲的な丁寧表現を使う例が **Lesson 19** に説明してあるので、その **Conversation** をもう一度見ておこう。

📝 会話の終わりのあいさつ

　"(I'll) talk to you." "(I'll) see you."「またね」は電話、もしくは面と向かってのいずれの場面でも使う。次回会う日時や場所が決まっているときは、**Lesson 22 Conversation**、最後のセリフのように "Talk to you then." と言う。このように後に日時を付けたり、このレッスンの **Conversation** のように "I'll see you there." と場所を付けたりする。曜日を付け足す場合、前置詞が不要になり "See you Monday." と言う。次回会う日時が決まっていないときは "Talk to you later." "See you later." と言うこともあるが、必ずしもいつか会いたいとか、また電話したいと考えているわけではなく、相手に冷たい感じを与えないように次に会う可能性を含んだ表現を使っているだけなので、言われたからといって次回を期待してはいけない。

　電話で最後の最後は "Bye." と言うが、会っているときは "Bye." と言わずに "Talk to you later." だけで終わることも多い。"Bye-bye" は /bʌ́bái/ と発音し、まれに友達や家族に使う。また "Bye-bye /báibái/" という音は、子どもや家族に対してのみ使い、一般的に大人どうしでは使わない。冷たい感じがする "Good-bye." も、ほとんど聞かない。

　Short Dialogs の "See you later, alligator." "After a while, crocodile." は、"later" と "alligator"、"while" と "crocodile" がそれぞれ韻を踏んでいて、かわいらしい響きがするので、ふざけてする挨拶である。

7. Intonation & Stress 🎵 93

Hí, hów you dóing?

Góod. And yóu?

I míght gó shópping láter, but I háven't decíded yet.

- how you doing? = how're you doing =/háujə dú:iŋ/

- /d/ で終わる語＋半母音 /j/ で始まる語
    →音が変化してリンクしやすい
    And you? = /əndʒú:/

- might go = /mái(k)góu/

- but I haven't decided yet=
    /bətai hǽvn(t) disáididʒɛt/

8. Exercises 次の 状況 のセリフを英語で表現してみよう。

☐① 友だちに 来週の水曜日にキャンパスシアターでマットがジキルとハイドを演じるんで、彼からチケットを２枚、買ったんだ。いっしょに行かない？

☐② おもしろそうね。劇は何時から始まるの？

Lesson 24

[i] – [ʌ] – [ə] – [ər]

[i]	[ʌ]	[ə]	[ər]
日本語の「イ」より少し「エ」に近いような「イ」と「エ」の中間音を出す。	口はあまり開かずに唇を横に軽くひっぱり、ビックリした時に出すような「ア」の音を出す。	口はあまり開かずに唇を横に軽くひっぱり「ア」と発音する。かなり弱い音。	舌先を軽く後ろにそらせるか、舌全体を後ろに引いて舌の中ほどを盛り上げるかして、母音の [ə] を発音する。

1. Words 94

[i]
English [íŋgliʃ]
express [iksprés]
insist [insíst]
six [síks]
live [lív]

[ʌ]
trunk [trʌ́ŋk]
drug [drʌ́g]
ugly [ʌ́gli]
govern [gʌ́vərn]
unfold [ʌnfóuld]

[ə]
obtain [əbtéin]
compose [kəmpóuz]
data [déitə]
analog [ǽnəlɔ̀:g]
opinion [əpínjən]

[ər]
suffer [sʌ́fər]
brother [brʌ́ðər]
after [ǽftər]
future [fjú:tʃər]
clearly [klíərli]

2. Contrast 🔊 94

[i] – [ə] / [ʌ] – [ər] Minimal Pairs

lick – luck – lurk	bid – bud – bird	kit – cut – curt
tick – tuck – Turk	pip – pup – perp	pit – putt – pert

3. Rhythm & Sound 🔊 94

Sippity sup, sippity sup,
Bread and milk from a china cup.
Bread and milk from a bright silver spoon
Made of a piece of the bright silver moon.
Sippity sup, sippity sup,
Sippity, sippity sup. ("Sippity sup, sippity sup" from *Mother Goose*)

I could not drink it, Sweet,
Till You had tasted first,
Though cooler than the Water was
The Thoughtfulness of Thirst. ("I could not drink it, Sweet" by Emily Dickinson)

4. Short Dialogs 🔊 95

Lucy: **Was it fun?**
Mike: **Yeah, really.**

Lucy: **It must have been fun.**
Mike: **Not really this time.**
Lucy: **Why not?**
Mike: **I fell asleep in the middle.**
Lucy: **You were sleeping there?**
Mike: **It was a night game. And I was tired.**
Lucy: **That figures.**

Lesson 24

5. Useful Words & Phrases

- ☐ presidential race
- ☐ heat up
- ☐ the Democratic Party
- ☐ Super Tuesday
- ☐ by the way
- ☐ support
- ☐ specific
- ☐ figure out
- ☐ To be honest, ...
- ☐ not ... at all
- ☐ hardly ever ... (any)
- ☐ go vote

- ☐ What a shame!
- ☐ right and responsibility
- ☐ ... , you know. / You know, ...
- ☐ things are different (than / from)
- ☐ Prime Minister
- ☐ What do you mean?
- ☐ leading party
- ☐ designate
- ☐ the Diet
- ☐ practically
- ☐ system

6. Conversation 96

Chatting with a Friend (2)

Watching a candidate on TV news

Takeshi: The U.S. presidential race is heating up, isn't it?

Lisa: Yes. I support the Democratic Party and I'm voting for him on Super Tuesday. By the way, do you support any specific one in Japan, Takeshi?

Takeshi: No. There are many parties in Japan, and I can't figure out which party to support. It's too complicated.

Lisa: Is that so?

Takeshi: To be honest, I'm not interested in politics at all. I hardly ever go vote in elections.

Lisa: What a shame! You should vote, Takeshi. It's your right and responsibility as an adult, you know.

Takeshi: Well, things are different than here. I have no right to vote for the Prime Minister of Japan.

Lisa: What do you mean?

Takeshi: The President of the leading party is almost always designated as Prime Minister by the majority of the Diet. So our Prime Minister is practically chosen by the party members.

Lisa: Really? Your system is very different than ours.

政治の話

アメリカの学生や社会人は、知人どうしで政治の話をすることがある。特に大統領選や大統領就任式などは大多数の国民の関心事なので、その前後にそういった話題についていけないと少し寂しい感じがするかもしれない。

アメリカ大統領が国民による選挙で選ばれるのはおなじみだが、大統領選に出馬する候補者を各党ひとりにしぼる予備選のやり方が州によって大きく異なることはあまり知られていない。党大会に出席して、党からひとり出馬する大統領候補者を選ぶ人、すなわち代議員を選ぶのが予備選である。その代議員をそれぞれの党の幹部が集まって決めてしまう州もあれば、選挙で選ぶ州もある。また選挙で選ぶ州の中にも、党員だけが選挙に参加できる州もあれば、だれでも参加でき、たとえば民主党員が共和党の代議員を選ぶ選挙に投票権を持つ州などもある。州によってこんなに違っていいのかと思うほどであるが、実にアメリカらしいとも言える。この予備選の日も州により異なるが、南部を中心に多くの州で行われる日は、スーパー・チューズデーと呼ばれる。

なお、留学する者、あるいは外国に滞在する者として、自国の選挙制度や代表的な政治家の話ぐらいはできるようにしておきたいものである。

「……でしょ」

Conversation の中では "It's your right and responsibility as an adult, you know." 「大人としての権利であり義務でしょ」と念を押すために文末に "you know." を付け加えている。文頭にくることもあるが、文末にあるときと同じ役割をする。たいした意味があるわけではなく、たいていの場合は付けても付けなくても変わらないということが多いが、付け加えると会話を上手く運べるような印象を与える。したがって英語を学ぶ外国人としては、"you know" を使うと英語が上手になった気がするが、だからといって頻繁に使用しないこと。

「うっそー」と「ホント、そうなんだ」

Lesson 5 で "Really?" について説明したが、**Conversation** の中の "Is that so?（下降調）" も同じ意味で「ホントに？」とか「うっそー」とあいづちを打ちながら、相手の話への関心を示す。ただし、関心を示した方がいいからといって、これらの表現を頻繁に使用すると疑い深い人だと思われかねないので注意すること。また、これらの表現のイントネーションを "Really.（下降調）" "Is that so?（上昇調）" "Do you mean it?（下降調）" にすると、相手の言うことにあきれたような調子になったり、相手をばかにしたような調子になったりする。

"Really?" と **Conversation** 最後の行のセリフでは、後のイントネーションを上昇調に

して驚きを表しながらも「へぇ、ホントにそうなんだ」と相手の述べることを事実として受け入れるあいづちである。**Short Dialogs** の "Yeah, really." のイントネーションは下降調で「うん、とっても楽しかった」という意味である。

「あんまりだ」

"shame" には「恥」という意味があるので "What a shame!" の意味を間違えて「なんて恥さらしな」ととらえる人もいるかもしれないが、そうではない。**Conversation** の中では、選挙があっても投票にほとんど行かないという態度に「それはあんまりでしょ」と少々批判的見解を示すものである。

"What a shame!" には、他に「残念ですね」という意味もあり、後に不定詞や that 節を続けることもある。Ex. What a shame (that) you have failed in the exam!「その試験に落ちたとは残念。」

「どういうこと?」

相手の言っていることの意味がよく分からない場合は "What do you mean?"「それって、どういうことを言ってるんですか」と尋ねてみよう。相手の言うことが分からないのにいい加減に聞き流していくと、聞いていないことが相手に分かってしまうかもしれない。そんな事態にならないよう、相手の意見や主張が何なのかを確認し、把握しよう。他に "I'm afraid I don't get your meaning."「あなたのおっしゃりたいことを理解していないと思います」という言い方もある。

それぞれの単語に強勢をおき "What・do・you・mean?" とゆっくり言うのは「何、言いたいわけ？」と怒って相手に歯向かっていくときである。さらに "What do you mean, ...?" の "…" に相手の言ったセリフをそのまま繰り返して言うと「……とは、どういうことだよっ」と相手の言ったことが気に入らないと怒っていることになる。Ex. What do you mean, you don't want to wait?「待ちたくないって、どういうことだよっ！」

7. Intonation & Stress 🎧 97

There are many párties in Japán, and I cán't fígure óut which párty to suppórt.

Is thát só?

- There are = /ðərər/

- and I can't figure = /əndai kǽn(t) fígjə/

- that so = /ðǽ(s) sóu/

- "Is that so?" は Conversation の場合、下降調

8. Exercises　次の 状況 のセリフを英語で表現してみよう。

☐① 友達に　アメリカで一番若い市長は18歳だって信じられる？
　　私たちより若いのよ。

☐② 冗談だろ。この国では、18歳で市長の被選挙権があるってこと？

Useful Words & Phrases　意味

Lesson 1

Excuse me?	もう一度おっしゃってください
Sorry?	もう一度おっしゃっていただけませんか？
Would you like to ~?	～したいですか
Something to~?	何か～は、いかが？
I'd like ~.	私は～をください
Let me	(私に)～させて下さい
be supposed to	～することになっている
Anything else?	他には？
aisle	通路
I'll be right back.	すぐにもどります
Sure.	わかりました
Certainly.	かしこまりました

Lesson 2

May I ...?	～してよろしいでしょうか？
Can I ...?	～していいですか？
Sure.	いいですよ　いいとも
Of course.	もちろん
Okay.	オーケー　かしこまりました
All right.	了解です
Certainly.	承知いたしました
Here you are.	はいどうぞ
Here it is.	はいどうぞ
Here you go.	はいどうぞ
purpose	目的
Okay, ...	よし　それでは
index finger	人差し指
take a picture	写真を撮る
sightseeing	観光
downtown	繁華街
Enjoy ~.	～を楽しんで！

Lesson 3

(It's) nice to meet you.	はじめまして
How do you do?	はじめまして
Hello. / Hi.	こんにちは
How was ~?	～はどうでしたか？／～はいかがでしたか？
... not ~ very well	あまり～でない
must	～に違いない
~'ve got / 's got	持ってる　ある
Shall we ... ?	～しましょうか
Yes, let's.	はい、そうしましょう
How do you spell ...?	～のスペルを教えてください
be used to ~ing	～するのに慣れている
I'd appreciate it if ~ would or could ...	(～が)…してくだされば ありがたいのですが…
I got it.	分かりました
..., ..., ..., and so on.	…とか、…とか、…とかなど
tell me about	～について（私に）教えてくれる
You mean ...? / ..., you mean?	つまり～ってこと？

Lesson 4

May I help you?	いらっしゃいませ
a large fries	ポテトフライの大、ひとつ
a tea / a coffee / a coke	紅茶、コーヒー、コーラ
~ is fine.	～でいいです
How about ~?	～はどう？
What about ~?	～はどう？／～はどうなるの？
Yes, please.	はい、お願いします
No, thank you. / No thanks.	結構です
Is that all?	それで全部ですか？
That'll be ~ dollars (and ~ cents).	～ドル～セントです
change	おつり
penny /nickel / dime / quarter	1セント/5セント/ 10セント/25セント (硬貨)

Lesson 5

Make yourself at home.	自分の家のようにくつろいでね
Shall I ...? / Why don't I ...?	～しましょうか？
show ... around	～を案内する
anything you like	あなたが好きなものなんでも
fridge	冷蔵庫
as I said / like I said	前にも言ったように
share	共有する、一緒に使う
leave ... open	そのままあけておく

Lesson 6	
make a copy	コピーをとる
service counter	サービスカウンター
hall	廊下　ロビー　玄関
restroom / ladies'room / men's room	トイレ
You can't miss it.	すぐに分かりますよ
Actually, ...	実際…、実は…
You must not ~	~しては絶対にいけない
according to ~	~によると

Lesson 7	
fabric	布
What is it for? / What are they for?	何用？
pattern	模様
Why not?	どうして（~ない）？
enjoy ~ing	~することを楽しむ
once in a while	たまに
... as well	~も
definition	定義
for fun	楽しみのために
for pleasure	楽しみのために

Lesson 8	
I have something to talk about.	話したいことがあるのですが
Do you have a minute?	少し時間をいただけませんか
spare	費やす
Come on in. / Come in.	入りなさい、お入りください
Have a seat.	座りなさい、お掛けください
I'm afraid ...	（残念ながら）…と思う、心配だ
fail	落ちる
miss a class	クラスを休む
probably	おそらく
quiz	小テスト
Right. / You're right. / That's right.	その通り
memorize	覚える
vocabulary	語彙

Lesson 9	
Can you do me a favor? May I ask you a favor? I'd like to ask you a favor.	お願いしたいことがあるのですが
Of course. / Sure.	いいですよ
look ~ over/ look over ~	ざっと目を通す
paper	レポート
correct	正す、訂正する
if you don't mind	もしもよろしければ
Not at all.	いいですよ、構いません
deadline	締め切り
the day after tomorrow	あさって
cafeteria	カフェテリア

Lesson 10	
I have a problem.	困ったことになった
What's the matter? / What's wrong?	どうしたの？
take a bus / take a train / take a taxi	バスに乗る、電車に乗る、タクシーに乗る
wrong	間違った
get off / get out (of)	降りる
I'm not sure	よく分からない
sign	標識、看板
flag a taxi	タクシーをとめる
And?	それで？
make sure...	必ず~する
in front of ~	~の前で
pick ~ up / pick up ~	~を拾う、~を車に乗せる

Lesson 11	
open an account / close an account	口座を開く、口座を解約する
checking account / savings account	当座預金口座、普通預金口座
ID / identification	身分証
Let me see. / Let's see.	えっと
driver's license	運転免許証
deposit	預金する
traveler's checks	トラベラーズチェック
transfer	送金する
fill ...out / fill out ...	~に記入する
exchange	両替する
..., right?	~ですよね？
currency	通貨

commission	手数料
rate	レート（率）
Lesson 12	
have ~ registered	～を書留にする
registered mail	書留
form	用紙、書式
fill ~ in / fill in ~	～に書き込む
smudge	シミをつける、汚す
legible	判読可能な
stamp	切手
in total	合計で
Lesson 13	
plan	予定する
How come ... ?	どうして？　なぜ？
How about ~ing?	～するっていうのはどう？
What kind of ...?	どんな種類の
special	お薦め、特別料理
dumpling	餃子
Shall we ...?	～しましょうか？
Good idea.	いいねぇ
Lesson 14	
be going to ~	～するつもり
want to ~	～したい
go shopping	買い物に行く
downtown	街中、中心街
need to ~	～する必要がある
a bunch of	（ひと）束
surprising	驚き
think of ~ as ...	～を…と考える、～を…と見なす
Lesson 15	
Is there anything I can do for you?	何かご入用でしょうか？
look for	探す
sweatshirt	トレーナー
over there	あそこ
design	デザイン
Do you have this in red?	これの赤はありますか？
small / medium / large/ extra large	S／M／L／XL
try ~ on / try on ~	試着する
How does it feel? / How do they feel?	いかがですか？
tight / snug / big	きつい／少しきつい（ピチピチの）／ゆるい
small / big	小さい／大きい
sleeve	袖
just a little / just a bit	ほんの少し
Lesson 16	
This way, please.	こちらへどうぞ
Are you ready to order?	ご注文は？
some water / some tea / some coffee	水／紅茶／コーヒー
come with ~	～と一緒についている
What kind of dressing would you like?	ドレッシングの種類は何になさいますか？
superb / delicious / good / so-so / awful	すばらしい／おいしい／おいしい／まぁまぁ／まずい
I'm full. / I'm stuffed.	お腹がいっぱいです
tip	チップ
Lesson 17	
get to (the place) / get there	～にたどり着く
the Smiths	スミス家
yard sale / garage sale	ガレージセール
(命令文)~, and .... / If you ~, you'll....	～して、そうすれば…
go straight	まっすぐ行く
block	ブロック（区画）
turn right / turn left	右に曲がる／左に曲がる
keep on ~ing	ずっと～し続ける
street sign	道路標識
No problem. / My pleasure.	どういたしまして
I'm lost.	道に迷った
What you have to do is ...	しなければならないことは…
It was kind of you to ...	…してくださり、ご親切にどうも
Lesson 18	
Hello, there. / Hi, there.	やぁ、こんにちは
be interested in	～に興味がある
PDA	電子手帳
Palm handheld	パーム社製の電子手帳
What if ...?	もしも…だったらどう？
MB = megabyte	メガバイト
flash memory	フラッシュメモリー

Can you give me a better price? / I'd like a better price.	もう少しまけてくれない？ 安くして頂けませんか
It's a deal.	決まりだっ！ 決めた！ 取り引きしましょう
Lesson 19	
run into ~	~にばったり会う
I was going to ask you if ...	~するか聞こうと思ってた
This is my first ~	初めて~
whole	全部、まるごと
stuffing	詰め物
stuff ~ with ...	~に…を詰める
bake	焼く
oven	オーブン
(That) sounds ~.	~そうだ
Makes my mouth water.	よだれが出そうだ
cranberry sauce	クランベリーソース
taste	味わう
I'd love to. / I'd like to.	喜んで
I'm looking forward to it. / I can't wait.	楽しみにする 待ちきれないほど楽しみだ
Lesson 20	
What's up?	どうしたの？ やぁ
take a trip to ~	~へ旅行に行く
(That) sounds fun.	楽しそうねぇ
What do you think is the best way?	何が一番いい方法だと思いますか？
by car /by bus / by train / by plane	車で／バスで／ 電車で／飛行機で
How long does it take ...?	どれくらい時間がかかりますか？
I guess	~と思う
have (got) no choice but to do	~するしか方法がない
Lesson 21	
I'm not feeling well.	気分がよくない
I'd better...	~した方がいい
see a doctor	医者の所へ行く、医者に診てもらう
exhausted	疲れきった
have a headache and a sore throat	頭痛がして喉が痛い
run a fever	熱がある
Oh dear.	まぁ

take one's temperature	~の体温を計る
The thermometer reads ~ degrees.	体温計では~度
degrees Fahrenheit / degrees Celsius	華氏~度／ 摂氏~度
Anyway, ...	とにかく
clinic	病院、クリニック
I'd appreciate it.	ありがとうございます
Supplementary Words & Phrases	
How are you feeling today?	今日の具合はどう？
lie down on one's stomach	腹這いになる
lie down on one's back / lie down face-up	仰向けに寝る
Are you sleeping well at night?	夜よく眠れていますか？
How's your appetite? / Are you eating all right?	食欲は？／よく食べてますか？
How about coughing? / How about a chill?	咳はどう？／悪寒は？
Have you been sneezing or coughing?	くしゃみや咳はしてますか
Your ~ seems swollen. / Your ~ seems broken.	あなたの~は腫れ上がっているようです／ あなたの~は折れているようです
Does it hurt when I press here?	ここを押さえると痛いですか？
Do you have allergies to any medicines?	薬にアレルギーがありますか？
Have you ever gotten a rash from antibiotics?	抗生物質で発疹ができたことがありますか？
I'll give you a shot.	注射をします
Take this powder. / Take these pills.	この粉薬を飲みなさい／ この錠剤を飲みなさい
Lesson 22	
make an appointment	予約をとる
Hello.	もしもし
This is ...	こちらは…です
Can I speak to ~? / May I speak with ~?	~さんをお願いします
Speaking./This is she. / This is he.	私です
something	何か
available	空いている、使える

Can / May I have your name?	名前をお伺いできますか
I see.	分かりました、なるほどね
concern	心配事
come by	立ち寄る
That's what ...	それがまさに…です
Would ~ be all right?	~はいいですか？
if it's okay with you	もしもそちらの都合がよければ
if it's convenient for you	もしもそちらの都合がよければ
I'll be waiting	お待ちしています
(I'll) talk to you then.	では後ほど
Lesson 23	
Is ~ there?	~さんはいますか？
How are you? / How're you doing?	元気？
Good. / Great.	元気だよ
I might ...	…かもしれない
take	つれて行く
ball game	野球の試合
extra	余分な
You want to come?	行かないか？
the Giants / the Dodgers	ジャイアンツ／ドジャーズ
(It) sounds like ...	~のようだ
parking lot	駐車場
a quarter to ~ / a quarter past ~	~時15分前／~時15分過ぎ
entrance	入り口
(I'll) see you there	じゃ、あとで（そこで）
Lesson 24	
presidential race	大統領選
heat up	白熱する
the Democratic Party	民主党
Super Tuesday	スーパーチューズデー
by the way	ところで
support	支持する
specific	特定の
figure out	理解する、分かる
To be honest, ...	正直に言うと
not ... at all	全く~ない
hardly ever ... (any)	ほとんど~ない
go vote	投票に行く

What a shame!	それはあんまりでしょ！
right	権利
..., you know. / You know, ...	~でしょ／あのね
things are different (than / from)	違うんだ
Prime Minister	首相
What do you mean?	どういうこと
leading party	与党
designate	指名する
the Diet	国会
practically	…も同然だ、実質的には
system	制度

Short Dialogs & Conversation(s)　日本語訳

Lesson 1
Short Dialogs
グリーン：　お茶はどう？
マイク：　　はい、お願いします。
ルーシー：　結構です。

グリーン：　ジュースにする？　ソーダにする？
マイク：　　ソーダをお願いします。

グリーン：　氷はひとつ？　それとも2つかな？
ルーシー：　はい、2つお願いします。
マイク：　　私も。

Conversations
In an Airplane　飛行機の中
客室乗務員：お客様、飲み物は何になさいますか？
タケシ：　　えっ、もう一度お願いします。
客室乗務員：何か飲み物でも？　ビール、ワイン、コーラ……
タケシ：　　あー、ジュース、ありますよね。
客室乗務員：はい。アップル、オレンジ、パイナップルがございます。
タケシ：　　アップルジュースをお願いします。
客室乗務員：（食事ですが）チキンですか？ビーフですか？
タケシ：　　チキンをお願いします。
客室乗務員：かしこまりました。

More Conversations in an Airplane　飛行機の中
（搭乗直後、座席を探しているタケシ）
タケシ：　　すみません。私の座席に座ってらっしゃると思うんですが…私のチケットは24B となってます。
男性：　　　えっと、自分のチケットを見てみましょう。おっしゃる通りです。（自分は）通路側の座席になっています。すみません。
タケシ：　　かまいません。
（客室乗務員がタケシのところへやってくる）
客室乗務員：こんばんは。今晩の夕食のメニューです。
タケシ：　　どうも。すみませんが、あとで毛布がいると思います。
客室乗務員：わかりました。他には？
タケシ：　　今のところはそれだけです。
客室乗務員：かしこまりました。毛布を持って参ります。

Lesson 2
Short Dialogs
グリーン：　はい。
マイク：　　ありがとう。

マイク：　　どうぞ。
グリーン：　ありがとう。

Conversations
Going through Immigration　入国審査通過
審査官：　　パスポートを見せてください。
タケシ：　　はい。どうぞ。
審査官：　　訪問の目的は？
タケシ：　　ジョンソン言語センターで勉強します。
審査官：　　どこに滞在しますか？
タケシ：　　ホストファミリーのグリーンさんのところです。
審査官：　　わかりました。では、左の人差し指をここに置いて、次は右の人差し指を。それじゃ、ここを見てください。写真を撮りますから…。終わりました。

More Conversation at Immigration
入国審査での会話
審査官：　　こんにちは。パスポートを。
タケシ：　　はい、どうぞ。
審査官：　　訪問の目的は？
タケシ：　　観光です。
審査官：　　わかりました。じゃ、滞在期間は？
タケシ：　　一週間です。
審査官：　　どこに滞在しますか？
タケシ：　　街のホテルです。
審査官：　　では、旅行を楽しんでください。
タケシ：　　ありがとう。

Lesson 3
Short Dialogs
マイク：　　こんにちは、ぼくマイクです。
グレイ：　　こんにちはマイク。私はキャシーよ。はじめまして。
マイク：　　こちらこそ、キャシー。

マイク：　　あの…
ルーシー：　何？
マイク：　　ブラッキーのこと教えてよ。
グレイ：　　私にも。
ルーシー：　2歳でね……

マイク：	家に帰ります。		
グレイ：	そう、会えてうれしかったわ。またね。		
マイク：	さようなら。		

Conversations
Meeting People　人と会う

グリーン：　タケシ？
タケシ：　はい、伊藤武士です。
グリーン：　私がホストマザーのメアリー・グリーンよ。はじめまして、タケシ。
タケシ：　こちらこそ、よろしく。
グリーン：　私の主人のトムと息子のマイクよ。
タケシ：　こんにちは。
グリーン：　こんにちは、はじめまして。
マイク：　こんにちは。
グリーン：　フライトはどうだった？
タケシ：　よかったけど、あまりよく眠れませんでした。
グリーン：　疲れてるでしょ。外に車を置いているから、行きましょうか。
グリーン：　あぁ、そうしよう。

More Conversation When Meeting People　人と会う

マクドナルド：こんにちは。英語プログラムのディレクターのマクドナルドです。ジョンと呼んでください。
タケシ：　こんにちは、ジョン。僕は伊藤武士です。
マクドナルド：タ・ケ・シ？　スペルは？
タケシ：　T-A-K-E-S-H-I です。
マクドナルド：うーん、タックって呼んでもいいかい？
タケシ：　えっと、できればタケシって呼んで頂けないでしょうか。タケシって呼ばれるのに慣れているので。
マクドナルド：わかりました。それじゃ、自分のことについて話してもらえないかな。
タケシ：　自分のこと？
マクドナルド：あぁ、例えば、家族や国、どうしてここへ来ることにしたのかとか……
タケシ：　あー、自己紹介をするってこと？
マクドナルド：その通り。

Lesson 4
Short Dialogs

マイク：　食べてもいい？
グリーン：　まだよ。パパを待ちましょう。
マイク：　わかった。パパ！　僕たちパパを待ってんだよ。

マイク：　もう、食べてもいい？
グリーン：　いいよ。さぁ、食べよう。

グリーン：　お腹すいてるのね。
マイク：　うん。これの後は？　デザートある？
グリーン：　アイスクリームはどう？
マイク：　いい！（やったぁ〜）

Conversation
At a Fast Food Restaurant　ファーストフード店で

店員：　こんにちは。いらっしゃいませ。
タケシ：　あぁ、チーズバーガーとフライドポテトのLをひとつお願いします。
店員：　かしこまりました。お飲み物はいかがですか？
タケシ：　コーラをお願いします。
店員：　サイズは？
タケシ：　Sでいいです。
店員：　デザートはいかがですか？
タケシ：　結構です。
店員：　かしこまりました。これで全部でしょうか？
タケシ：　はい。
店員：　4ドル25セントです。
タケシ：　はい。
店員：　ありがとうございます。おつりです。

Lesson 5
Short Dialogs

グリーン：　早くしなさい。8時にはあそこに着いてるはずなんだから。
マイク：　そうなの？
グリーン：　わかってるでしょ。ルーシーが待ってくれてるのよ。

マイク：　ママ、ただいま。
グリーン：　おかえり、今日はどんな一日だった？
マイク：　いつも通り…。

Conversation
A House Tour　家の中を案内

グリーン：　我が家へようこそ。くつろいでね。
タケシ：　ありがとう。
グリーン：　それじゃ、家の中を案内しましょうか。
タケシ：　はい、お願いします。
グリーン：　ここが台所。冷蔵庫の物はなんでも自分で自由に出してね。
タケシ：　本当？　日本じゃ、他人んちの冷蔵庫は開けちゃだめだって教えられてます。
グリーン：　ここじゃ、かまわないわ。さっきも言ったけど、自分ちと同じようにしてね。さぁ、ここがあなた用のお風呂ね。マイクと一緒に使ってね。
タケシ：　わかりました。

グリーン： 使った後、ドアは開けておいてちょうだい。誰も入ってないって分かるから。
タケシ： これも日本じゃ、使った後は閉めないといけないんだ。

Lesson 6
Short Dialogs
グリーン： いいとこで言ってね。
マイク： そこまで。

マイク： あのね？
グリーン： 何？
マイク： 子猫を拾ったんだ。
グリーン： どこで？
マイク： ……
グリーン： どこか言いなさい！
マイク： 裏庭で、今はもう僕の部屋にいるよ。

Conversation
In a College Library　大学図書館で
タケシ： すみません、この本をコピーできる場所をご存知ないですか？
司書： この廊下をまっすぐ行くとサービスカウンターがありますよ。そこでタダでやってもらえますよ。
タケシ： よかったぁ～。えっと、一番近いトイレはどこですか？
司書： 2階の、エレベーターの隣です。すぐにわかりますよ。
タケシ： ありがとうございました。
（サービスカウンターでコピーを渡される時に）
タケシ： タバコをどこで吸ったらいいか教えてもらえませんか？
受付： あいにくですが、この建物の中は禁煙です。実を言うと、州法により公共の場所ではタバコを吸ってはいけないんです。

Lesson 7
Short Dialogs
グリーン： おやつの前に手を洗ってね。
マイク： どうして？

マイク： 猫にトムって名前をつけよう。
グリーン： なぜ？　それってパパの名前だよ。それに猫はメスなんだよ。

マイク： 買い物に行きたくないよ。
グリーン： なぜ？
　　　　　もう行かなくちゃいけないのよ。

Conversation
Talking about Hobbies　趣味について語る
タケシ： わー、すごいたくさんの布ですね。何に使うんですか？
グリーン： パッチワーク用よ。
　　　　　（写真集を見せながら）
　　　　　全部つなぎ合わせてこれみたいなベッドカバーを作るの。
タケシ： きれいな模様ですね。葉っぱや星の。
グリーン： パッチワークは私の趣味よ。あなたの趣味は何？
タケシ： えっと、ドライブかな。
グリーン： それを趣味とは言わないわねぇ～。
タケシ： どうして？
グリーン： たまに行くドライブを楽しむことはあっても、運転は毎日するものだもの。趣味っていうのは楽しむためにするものだと私は思うけど。

Lesson 8
Short Dialogs
マイク： ほら。
グリーン： おしい。

マイク： これなら。
グリーン： よくできたね。

グリーン： 休憩しよう。
マイク： うん。
グリーン： クッキーとミルクはいかが？こっちへ来て座ったら。

Conversation
Asking for Advice　アドバイスをもとめる
（開いてるドアのところで）
タケシ： ジョン、こんにちは。
マクドナルド： やぁ、タケシ。
タケシ： お話したいことがあるのですが。少し時間をいただけませんか？
マクドナルド： いいですよ。入って座りなさい。
タケシ： ありがとう。えっと、先生のクラスを落としそうで心配なんですが。
マクドナルド： そうだな、クラスを休んだことがないのはいいんだが。
タケシ： はい、でも、小テストで7回も5点以下をとってるので……
マクドナルド： そうだね。たぶん小テストの準備を十分にしなかったんだね。
タケシ： したつもりなんですが……
マクドナルド： それぞれの小テストごとに100文を覚

えなさい。そうしたら、語彙数も増えるだろうから。

Lesson 9
Short Dialogs
グリーン：　マイク、台所のママの所へこれを持ってってくれないか？
マイク：　いいよ。もちろん。

マイク：　パパ、グラスを割っちゃった。
グリーン：　何だって？　どうしたか言ってごらん。
マイク：　落としたんだ。ごめんなさい。
グリーン：　あーぁ、しょうがないな。
グリーン：　いいわよ。
　　　　　トム、破片を捨ててくれない。

Conversation
Asking a Favor　お願いをする
タケシ：　リサ、お願いがあるんだけど。
リサ：　いいわよ、何かしら？
タケシ：　このレポートを見てもらえないかな。
リサ：　英語を私に直してほしいってこと？
タケシ：　うん、もしもよければ。
リサ：　かまわないわ、でも明日まで待ってくれるかしら？　今晩仕事だから。
タケシ：　もちろん。締め切りはあさってなんだ。まだ、時間があるから。
リサ：　いいわ。レポートをもらうわ。明日、このカフェテリアで12時に会いましょ。

Lesson 10
Short Dialogs
グリーン：　1から10まで数えられる？
マイク：　どうかな。1、2、3、……

マイク：　あとで片付けるよ。
グリーン：　本当かしら。
マイク：　うん、約束するよ。

グリーン：　全部ちゃんと持ったか確認しなさい。
マイク：　わかったよ。

Conversation
Asking for Help on the Phone
電話で助けをもとめる
（タケシがグリーンさんの携帯に電話する）
タケシ：　トム？　ぼくだよ。
グリーン：　やぁ、タケシ。
タケシ：　困ったことになったんだけど。
グリーン：　どうしたんだい。
タケシ：　バスを乗り間違えて、今バスを降りたとこなんだ。
グリーン：　どこにいるんだい。
タケシ：　よくわからないんだけど、ブルーレークホテルの看板が見えるよ。
グリーン：　タクシーをとめて。
タケシ：　それで？
グリーン：　街のJマートに行ってって運転手に頼んで。
タケシ：　分かった。
グリーン：　必ず正面の入り口前で降りるんだよ。
タケシ：　それからどうすればいい？
グリーン：　僕がそこに迎えにいくから。
　　　　　じゃ、あとでね。

Lesson 11
Short Dialogs
マイク：　テレビを見たいんだ。ドアを開けてよ。
グリーン：　えっと、鍵をどこへ入れたかしら。

グリーン：　テレビを見たいのよね。
マイク：　見たいと思ってたんだけど……、でも、猫が遊びたがってるんだよね。

マイク：　パパ、猫に水をやってよ。
グリーン：　ボールをこっちへ。ちょっと待ってね。
マイク：　のどが乾いてるようなんだ。
グリーン：　そんなにあせらせないで。

Conversations
At a Bank　銀行で
銀行員：　こんにちは、いらっしゃいませ。
タケシ：　口座を開きたいのですが。
銀行員：　当座預金ですか？
　　　　　それとも普通預金ですか？
タケシ：　当座預金口座でお願いします。
銀行員：　身分証はお持ちですか？
　　　　　免許証かパスポートか何か。
タケシ：　パスポートを持っています。
　　　　　えっと、はい、どうぞ。
（パスポートを見た後）
銀行員：　いくら預金なさいますか。
タケシ：　今、トラベラーズチェックで500ドルあって、あとで口座に3000ドル振り込みたいのですが。
銀行員：　分かりました。これにご記入願います。

More Conversation at a Bank　銀行で
タケシ：　日本円を両替したいのですが。
銀行員：　アメリカドルにですね。
タケシ：　はい、手数料はどれくらいですか。

銀行員：	2%です。今日の変換レートは1ドル102円です。いくら両替をなさいますか？
タケシ：	3万円お願いします。
銀行員：	かしこまりました。それなら294ドルになります。はい、どうぞ。
タケシ：	ありがとうございました。
銀行員：	ありがとうございました、こちらこそ、どうも。

Lesson 12
Short Dialogs

グリーン：	ここ、風通し悪いわね。窓をあけてちょうだい。
マイク：	はい。

グリーン：	いたっ。（猫に）ひっかかれたよ。
マイク：	ごめん。
グリーン：	あー、気にしないで。

マイク：	あっ、僕もやられたっ。血が出てる。
グリーン：	大丈夫だよ。泣かないで。

Conversation
At a Post Office　郵便局で

郵便局員：	やぁ、いらっしゃいませ。
タケシ：	この手紙を書留にしたいんだけど。
郵便局員：	はい。この書類に書き込んで
タケシ：	（住所を書き込んでいる時）あー、（インクが）にじんだけど…大丈夫ですか？
郵便局員：	読めるならね（見て）あぁ、それなら大丈夫。
タケシ：	はがき用の切手もほしいんだけど。
郵便局員：	（はがきの）大きさは？
タケシ：	このはがきを送るんですけど。いくらですか？
郵便局員：	大きいサイズ（はがき）は41セントで書留は5ドル20セントです。合計で5ドル61セントです。

Lesson 13
Short Dialogs

ルーシー：	ママの絵を描こうよ。
マイク：	僕のママってこと？
ルーシー：	うん、私は私のママを描くわ。

マイク：	ママ。
グリーン：	何？
マイク：	ほら。
グリーン：	どうしたの？

マイク：	ママにだよ。僕がママの絵を描いたんだ。
グリーン：	まぁ、ありがとう。

Conversation
Accepting an Invitation to Dinner (1)
誘いを受ける

マット：	今週末は何をする予定？
タケシ：	特には何も。どうして？
マット：	うん、食事に出かけないか？港に新しいレストランができたんだ。
タケシ：	どんなレストラン？
マット：	中華レストランだよ。今週のお薦めは餃子なんだ。
タケシ：	いいねぇ〜。スージーも誘わない？彼女、餃子、大好きなんだ。
マット：	いいよ。ジュリーも誘おうか？
タケシ：	いいね。そうしようよ。

Lesson 14
Short Dialogs

マイク：	ママ、シャンプーがいるんだけど。
グリーン：	そこにあるでしょ。
マイク：	うん、でも詰め替えてほしいんだ。
グリーン：	あ、空っぽなのね。分かったわ、（そっちへ）行くわ。

グリーン：	入れ物をちょうだい。
マイク：	はい。
グリーン：	ちょっと待ってね……。はい、どうぞ。
マイク：	ありがとう。

Conversation
Chatting with a Friend (1)　友達と話す

マット：	今日の午後買い物に行くんだけど、一緒に行く？
タケシ：	どこへ行くの？
マット：	街のピラミッドモール。
タケシ：	何か買いたいものでもあるの？
マット：	花束を買わないといけないんだ。
タケシ：	なんで？
マット：	ジュリーへのプレゼントさ。今日はバレンタインデーだもの。
タケシ：	君が彼女にプレゼントをあげるの？
マット：	そうだよ。そんなに驚くことかなぁ〜？
タケシ：	日本では普通、バレンタインデーには女の子が男の子にチョコレートをあげるんだ。今ではそれが習慣だって思う人もいるくらいさ。

Lesson 15
Short Dialogs
グリーン： その毛布が好きなのね。
マイク： うん、柔らかいんだもの。
グリーン： でも、もうおいてちょうだい。
マイク： 分かってるよ。
　　　　 保育園に行く時間だよね。

マイク： アイスクリームを食べてもいい？
グリーン： あら、済んだのね。
　　　　 なら、もちろんいいわよ。
マイク： チョコレートソースをかけてよ。
グリーン： ちょっとだけね。いい？

Conversation
Shopping (1)　買い物
店員： 今日は何かお探しですか？
タケシ： えっと、トレーナーを探しているんですが。
店員： トレーナーはそちらでございます。
　　　 プレゼントですか？
タケシ： 自分用です。
店員： これなどいかがでしょうか？
タケシ： デザインはいいけど、これの赤はありますか？
店員： サイズは？
タケシ： 普通はMサイズなんですが。
店員： こちらが赤のMサイズです。
　　　 試着されますか？
タケシ： はい。
（トレーナーを試着して）
店員： いかがですか？
　　　 少しきついようですね？
タケシ： はい、それに袖が短いです、ほんの少しなんですけどね。
　　　　 大きいサイズはありますか？

Lesson 16
Short Dialogs
グリーン： 準備はできた？
マイク： うん、できた。
グリーン： 全部ちゃんと持ったかい？
マイク： もうちゃんとチェックしたよ。

グリーン： 準備はいい？
マイク： ううん、まだだよ。
グリーン： あ、そう、急がなくていいのよ。

グリーン： まだなの？
マイク： うん、本当は行きたくないんだ。

Conversation
At a Restaurant　レストランで
ウェイター： 何名様ですか？
タケシ： 二人です。
ウェイター： こちらへどうぞ（席に案内してから）
　　　　　　 メニューです。
（ちょっと時間をおいて）
ウェイター： ご注文は？
タケシ： はい、ビーフサンドイッチとミネラルウォーターをお願いします。
ウェイター： サンドイッチにはグリーンサラダがついています。
　　　　　　 ドレッシングは何になさいますか？
タケシ： フレンチをお願いします。
ウェイター： そちら（様）は？
スーザン： クラブミートサンドイッチにします。
ウェイター： 何かお飲み物はいかがですか？
スーザン： はい、アイスレモンティーをお願いします。
（食後）
タケシ： とてもおいしかったよ。君のクラブミートサンドイッチはどうだった？
スーザン： おいしかったわ。お腹がいっぱい。
タケシ： えっと、チップ、どれだけおいたらいいかな？
スーザン： 合計金額の15％くらいよ。

Lesson 17
Short Dialogs
グリーン： マイク、キャンディをママたちにもくれないかしら？
マイク： いいよ。ママにひとつ。
グリーン： ありがとう。
マイク： パパにもひとつ。
グリーン： ありがとう。

グリーン： もうひとつもらえないかしら。
マイク： いいよ。はい。
グリーン： いい子ね、マイク。ありがとう。

Conversations
Asking for Directions　道を尋ねる
（タケシは手に地図を持っている）
タケシ： すみません。
男性： はい？　何でしょう？
タケシ： スミスさんちのガレージセールに行こうとしてるんですけど。（地図を指差しながら）この場所への行き方を教えていただけませんか？
男性： えっと、今オーク・ストリートのここに

	いるから……
タケシ：	ということは？ それで……？
男性：	この道を2区画まっすぐ行って、サード・アベニューの角で左に曲がるんだ。そのままずっと行くと右手にメープル・ストリートの道路標識が見えてくるよ。
タケシ：	分かりました。標識を探します。ありがとう。
男性：	どういたしまして。

More Conversation in Asking for Directions
道をたずねる
（タケシが車の窓を開け、声をかける）

タケシ：	すみませんが。
男性：	はい？ 何か？
タケシ：	えぇ、道に迷ったんですが、オールドタウンへの行き方を教えていただけませんか？
男性：	いいですよ。高速道路に戻って北へ行くんですよ。
タケシ：	そちらへ向かってたんです。で、そこの出口を出てきたんですが。
男性：	それなら、正しい方向へ向かってたんですね。ただ、もっと北へ、およそ10マイルくらい行けばよかったんですよ。そしたらオールドタウンっていう標識が見えるはずですから。出口は確か……21番です。
タケシ：	あ、高速道路へ戻る道を教えてもらえませんか？
男性：	あー、あの道を戻って、5番街で右に曲がると、I－101への乗り口の標識が見えますよ。
タケシ：	分かりました。ご親切にどうもありがとう。
男性：	どういたしまして。

Lesson 18
Short Dialogs

マイク：	僕、あんなのほしい。
グリーン：	ダメよ。あまりにも派手だわ。
マイク：	ふぅ〜ん、分かったよ。
マイク：	この色ならいい？
グリーン：	ルーシーと同じかな？
マイク：	うーん、違うのがいいよ。
グリーン：	それじゃ黄色なんてどう？
マイク：	黄色は嫌だよ。
グリーン：	それなら何色がほしいんだい？
マイク：	僕は緑色が好き！

グリーン：	そうなのか、パパは知らなかったなぁ〜。

Conversation
Shopping (2) 買い物
（スミスさんちのガレージセールで）

スミス：	やぁ、こんにちは。いいものがいっぱいありますよ。
タケシ：	あの、電子手帳がほしいんだけど、ありますか？
スミス：	パームはどう？ たったの15ドルだよ。
タケシ：	50ドル？
スミス：	いやいや、15って言ったんだ。
タケシ：	あー、15ドルね。でも、それでも学生の僕にはまだ高いよ。
スミス：	8MBのフラッシュメモリー付きならどうだい？
タケシ：	もう少しまけてくれない？
スミス：	うーん、じゃ、メモリー付きで12ドル。
タケシ：	よし、それに決めた！

Lesson 19
Short Dialogs

グリーン：	無理な感じがする。
マイク：	分かってるよ。でも、（元通りにしようと）がんばってんだよ。
グリーン：	気持ちよさそうね。
ルーシー：	うん、気持ちいい。
マイク：	へへっ。
グリーン：	あー、それは痛いわ。マイク、やめなさい！

Conversation
Accepting an Invitation to Dinner (2)
招待を受ける

リサ：	会えてよかったわ。感謝祭のディナーに来ないか誘うと思ってたの。
タケシ：	感謝祭は初めてなんだ。七面鳥を食べるんだよね。
リサ：	そうよ。七面鳥にスタッフィングを入れて丸ごと料理するのよ。
タケシ：	スタッフィング？
リサ：	うん、七面鳥の中にお米やタマネギ、セロリ、いろんな野菜を詰めて、オーブンで焼くのよ。
タケシ：	へぇ〜、おいしそうだね。よだれが出そうだ。
リサ：	それに、クランベリーソースもあるのよ。

126

タケシ：	クランベリーソース？ 一度も食べたことないよ。
リサ：	もうすぐ食べられるわよ。どう、来る？
タケシ：	うん、よろこんで。楽しみにしてるよ。

Lesson 20
Short Dialogs

グリーン：	はぁ〜い、どうしたの？
マイク：	別に。
ルーシー：	猫をなでてるだけよ。

マイク：	ママ！ 猫を助けて！
グリーン：	何？ どうしたの？
マイク：	袋をはずせないんだ。
グリーン：	一体何事？
ルーシー：	猫に袋をかぶせたの。
グリーン：	まぁ、かわいそうに。

Conversation
Planning a Trip 旅行の計画
（タケシと友達が話しているところにジェーンがやってくる）

ジェーン：	どうしたの？
タケシ：	ロスまでの旅行のことを話してるんだ。
ジェーン：	わー、楽しそうねぇ〜。
タケシ：	うん、でも、どうやって行くか決められないんだ。どうやって行くのが一番いいと思う？
ジェーン：	車が一番安いと思うわ。でも、バスや飛行機でも行けるけど。
タケシ：	車ならどれくらい時間がかかる？
ジェーン：	わかんないけど、たぶん丸一日か、もっとね。
タケシ：	うーん、たった3日しかないんだ。
ジェーン：	それなら、飛行機で行く以外の選択肢はないね。

Lesson 21
Short Dialogs

ルーシー：	あのね。
マイク：	何？
ルーシー：	ブラッキーってスイカ好きなんだよ。
マイク：	うそでしょ。うちの猫なんて缶詰の餌しか食べないよ。

ルーシー：	ブラッキーって1から3まで数えられるのよ。
マイク：	そんなのウソだよ。
ルーシー：	じゃ、1、2、3の違いが分かるのよ。
マイク：	どうしてそんなこと分かるんだい？

Conversation
Talking about Health Conditions
健康状態について話す

タケシ：	あまり気分がよくないんだけど。 医者に診てもらったほうがいいかも。
グリーン：	タケシ、疲れた感じね。
タケシ：	頭が痛くって喉も痛いんです。 熱もあるかもしれない。
グリーン：	まぁ、体温を計りましょう。 体温計をとってくるわ。

（体温を測った後で）

グリーン：	100度だわ。
タケシ：	100度？ そんなのありえないよ。
グリーン：	華氏で100度よ。とにかく、かかりつけの医者のとこへ連れていくわ。
タケシ：	ありがとうございます。

Lesson 22
Short Dialogs

グリーン：	野球の試合を見に行かない？
マイク：	わーい、ずーっと行きたかったんだ。

マイク：	ジャイアンツの野球帽をかぶって試合に行ってもいい？
グリーン：	もちろん、そうしなよ。

マイク：	猫を試合に連れてってもいい？
グリーン：	そりゃだめよ。パパは子猫のチケットまで持ってないのよ。
マイク：	そりゃそうだね。

Conversation
Making an Appointment on the Phone
電話で予約をとる

タケシ：	もしもし、カウンセリングルームですか？
カウンセラー：	はい、そうです。
タケシ：	パーマー先生をお願いします。
カウンセラー：	パーマーです。
タケシ：	えっと、あることで予約をお願いしたいのですが……
カウンセラー：	はぁ、それで……？
タケシ：	時間はあいてますか？
カウンセラー：	ええ、でも、まずは名前を教えてもらえますか？
タケシ：	あ、すみません。伊藤武士です。日本からの留学生で、ここに来て3カ月ほどになります。
カウンセラー：	分かりました。
タケシ：	そちらに伺ってもよろしいでしょ

カウンセラー：	もちろん。心配事を話してください。ここで話をしましょう。いつならこちらに来れますか？
タケシ：	それを考えていたんです。今日はいかがですか？
カウンセラー：	もちろんいいですよ。
タケシ：	もしもよければ、11時にそちらへ伺いたいんですが。
カウンセラー：	いいでしょう。お待ちしています。
タケシ：	じゃ、その時に。失礼します。

Lesson 23
Short Dialogs
マイク：	やぁ、ルーシー、元気？
ルーシー：	元気よ。マイクは？
マイク：	元気だよ。ありがとう。

ルーシー：	じゃ、またね。（さよなら三角）
マイク：	じゃ、また。（また来て四角）

Conversation
Calling a Friend　友達に電話をかける
タケシ：	タケシです。ビルをお願いします。
ビル：	ビルだよ。元気かい？
タケシ：	元気だよ。君は？
ビル：	元気さ。ありがとう。
タケシ：	今日は何をする予定だい？
ビル：	後で買い物に行くかもしれないけど、特に決めてないよ。
タケシ：	今日の午後、トムが息子のマイクと僕を連れて野球の試合に行くんだ。チケットが余ってるんだけど、一緒にどう？
ビル：	わー、ジャイアンツ対ドジャーズだろ！
タケシ：	もう決めたみたいだね。
ビル：	あぁ、これは見逃せないさ。何時？
タケシ：	試合が始まるのは3時。東駐車場に2時45分頃行けると思うんだ。
ビル：	それなら駐車場入り口で会えるね。わー、待ちきれないよ。
タケシ：	オッケイ、それじゃ後で。
ビル：	後でな。バイ。

Lesson 24
Short Dialogs
ルーシー：	おもしろかった？
マイク：	うん、とっても。

ルーシー：	きっとおもしろかったのね。

マイク：	今回はそんなに……
ルーシー：	どうして？
マイク：	途中で眠っちゃったんだ。
ルーシー：	あそこで寝たの？
マイク：	ナイターだったし、疲れてたんだよ。
ルーシー：	そうか。

Conversation
Chatting with a Friend (2)　友達と話す
（テレビのニュースで、候補者をみながら）
タケシ：	アメリカの大統領選が白熱してるね。
リサ：	えぇ、私は民主党を応援してるの、スーパーチューズデーには彼に投票するわ。ところで、タケシは日本のどこかの政党を支持してるの？
タケシ：	いや。日本には政党がたくさんあってさ、どの政党を支持したらいいかなんて分からないよ。とっても複雑なんだ。
リサ：	そうなの？
タケシ：	正直に言うとね、政治にはあまり興味がないんだ。選挙にもほとんど行かないし……
リサ：	まぁ、それはひどい！　タケシ、投票はするものよ。大人としての権利と責任なのよ。
タケシ：	うーん、こっちとは違うんだよ。日本だと僕には首相を選ぶ投票権はないんだ。
リサ：	どういうこと？
タケシ：	与党の党首が議会で首相に指名されるんだ。だから、僕らの首相ってのは党員によって選ばれてるのも同然なんだ。
リサ：	そうなの。制度が私たちとはずいぶん違うわね。

Exercises 模範解答

Lesson 1
① Something to eat before going out?
② No thanks. I'm not hungry at all now, and we may have a drink before the concert.

Lesson 2
① May I have the check (or bill), please?
② （男の客に）Certainly, sir. /
（女の客に）Certainly, ma'am.

Lesson 3
① How was your vacation?
② Fantastic! I went camping in Hawaii with some of my friends.

Lesson 4
① Forty-one dollars and fifty cents with the toll.
（運転手はたいてい料金だけ言う）
② Here. Keep the change for the fast service. Glad I made it (or my flight).

Lesson 5
① Could (or May) I use your bathroom?
② Sure. I'll show you. Please come this way. (or This way, please.) You can see the door open at the end of the hallway, can't you?

Lesson 6
① Can you buy some lunch at the food court for us? I'm busy and I don't think I can cook now.
② Sure. Just tell me what you want. I can get us Chinese, Italian, Turkish, ... anything you like.

Lesson 7
① It's already past noon, Sue. I know you're tired, so I didn't want to wake you up.
② Mm..., what! Why didn't you wake me up earlier? I'm late for the date with Matt.

Lesson 8
① I have a question. Do you have a minute?
② All right. Is it about the lecture I just gave (you)? Something else?

Lesson 9
① Can you make copies of this and hand them out to everyone in this section?
② I should make fifteen copies, right? I'll do it right away.

Lesson 10
① I don't know what's wrong with me, but I don't feel well.
② You've been busy these days, so you must be very tired. Make sure you get enough rest.

Lesson 11
① I'd like some information about opening an account.
② All right. Please go upstairs and ask the person at the desk. She'll (or He'll) be happy to help you.

Lesson 12
① Hi. I have a registered letter for Mr. Takeshi Ito. Check the sender, please.
② It's from Mr. Yamada in Japan. I've been expecting this. Just a second. I'll sign it.

Lesson 13
① You look happy. How come?
② I asked Julie to go out for dinner this weekend, and she said, "Yes."

Lesson 14
① I need to buy leather pumps for myself. Do you happen to know a good shoe store?
② There's a shoe store called "Milan" in Pyramid Mall downtown. They sell high quality shoes.

Lesson 15
① How do they feel?
② They're big around the waist. Do you have a smaller size?

Lesson 16
① Can I have some coffee after the meal?
② Sure. We have regular coffee and espresso, which comes in a small cup. Which would you like?

Lesson 17
① Susie gave me a ride from the college library in this rain.
② That was nice of her.

Lesson 18

① Don't tell me you're going out with no umbrella. What if it rains?
② Okay, Mom. I'll take my umbrella.

Lesson 19

① This is my first trip to Australia. Can you tell me the best place to go wine tasting?
② How about White Rocky Farm? It's the oldest in this area.

Lesson 20

① How long will it take to New York City from here?
② It takes less than an hour by plane, but it might take more than five hours if you drive.

Lesson 21

① These days my eyes and nose itch, and I cannot stop sneezing.
② Really? You must be allergic to pollen. It's hay fever season after all.

Lesson 22

① I'd like to make an appointment with Dr. Jones sometime next week. Could you tell me what days he is available?
② Certainly. He is free Monday morning, Wednesday afternoon, and Thursday all day.

Lesson 23

① Matt will be playing Dr. Jekyll and Mr. Hyde next Wednesday in Campus Theater, and I bought two tickets from him. You want to come with me?
② Sounds interesting. What time does the play start?

Lesson 24

① Can you believe the youngest mayor in the States is 18 years old? Younger than we are.
② No kidding. You mean you have a right to run for mayor at the age of 18 in this country?

子どもに教える大人が
初歩から学ぶ英語

2009 年 10 月　5 日　初版第一刷発行
2018 年　3 月　1 日　初版第四刷発行

著　　者　　　前田浩美／長尾真理

表紙イラスト　　加藤景三
本文イラスト　　高坂かおり
英語校正　　　　Paul Aaloe

CD ナレーション　Ann Tsuda, Paul Aaloe,
　　　　　　　　Eric Morasch, James Ross-Nutt

発行者　田中きく代
発行所　関西学院大学出版会
所在地　〒 662-0891 兵庫県西宮市上ケ原一番町 1-155
電　話　0798-53-7002

印　刷　協和印刷株式会社

©Hiromi Maeda, Mari Nagao 2009
Printed in Japan by Kwansei Gakuin University Press
ISBN 978-4-86283-047-0
乱丁・落丁本はお取り替えいたします。
本書の全部または一部を無断で複写・複製することを禁じます。